POUR COMPRENDRE LES MATHÉMATIQUES

CM2
Cycle 3

Cahier d'activités

NOUVEAUX PROGRAMMES 2016

J.-P. Blanc
Directeur d'école

N. Bramand
Professeur des Écoles

P. Bramand
Professeur agrégé

É. Lafont
Professeur des Écoles

C. Maurin
Professeur d'I.U.F.M.

D. Peynichou
P.E.M.F.

A. Vargas
Directeur d'école

hachette
ÉDUCATION

Avant-propos

Ce cahier propose **45 fiches d'activités** qui correspondent aux **apprentissages les plus délicats du programme** et qui exigent des supports matériels importants. En évitant à l'enseignant et à l'élève de reproduire figures ou tableaux, le cahier permet la mise en œuvre immédiate des activités. Les pages cartonnées fournissent le matériel nécessaire aux activités qui nécessitent des manipulations (patrons, gabarits d'angle...).

Les compétences de chaque activité sont indiquées en haut de page.

• Ces fiches sont conçues pour **l'entraînement** et **l'approfondissement des connaissances** étudiées lors des activités collectives de la classe.

• Leur structure facilite le **travail en autonomie de l'élève**. Celui-ci prépare le matériel indiqué dans le cartouche qui figure en haut à droite de la fiche (particulièrement utile en géométrie). Le cartouche « Observe » rappelle les notions utilisées et les techniques à mettre en œuvre.

• Les enseignants peuvent également utiliser **ce cahier** comme **support aux activités de soutien**. Dans ce cas, le premier exercice est effectué collectivement avec discussion et correction immédiate. Chaque élève termine ensuite le travail individuellement.

Les auteurs

Création de la maquette de couverture : Pierre Patrault
Exécution de la maquette de couverture : Médiamax
Illustration de la couverture : Alain Boyer
Création de la maquette intérieure : Médiamax
Mise en pages : Médiamax
Dessins techniques : Gilles Poing
Fabrication : Marc Chalmin
Édition : Thierry Amouzou

PAPIER À BASE DE FIBRES CERTIFIÉES

hachette s'engage pour l'environnement en réduisant l'empreinte carbone de ses livres. Celle de cet exemplaire est de : **0,45 kg éq. CO_2** Rendez-vous sur www.hachette-durable.fr

ISBN : 978-2-01-225907-2

www.hachette-education.com

Sommaire

Espace et géométrie **Grandeurs et mesures**
Nombres et calculs

1 Reconnaître des droites perpendiculaires

Compétence : Vérifier que deux droites sont perpendiculaires.

MATÉRIEL

Un crayon vert.
Une équerre.
Des feuilles de papier à plier.

Date 14/12/23

Observe

Construis une équerre avec une feuille de papier en suivant les indications des trois schémas.

①

②

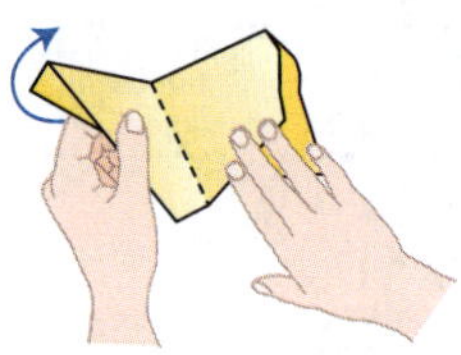

③

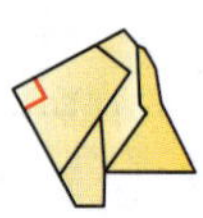

1 Avec ton équerre, **trouve** les droites perpendiculaires à la **droite rouge**. **Repasse**-les en ~~vert.~~ violet

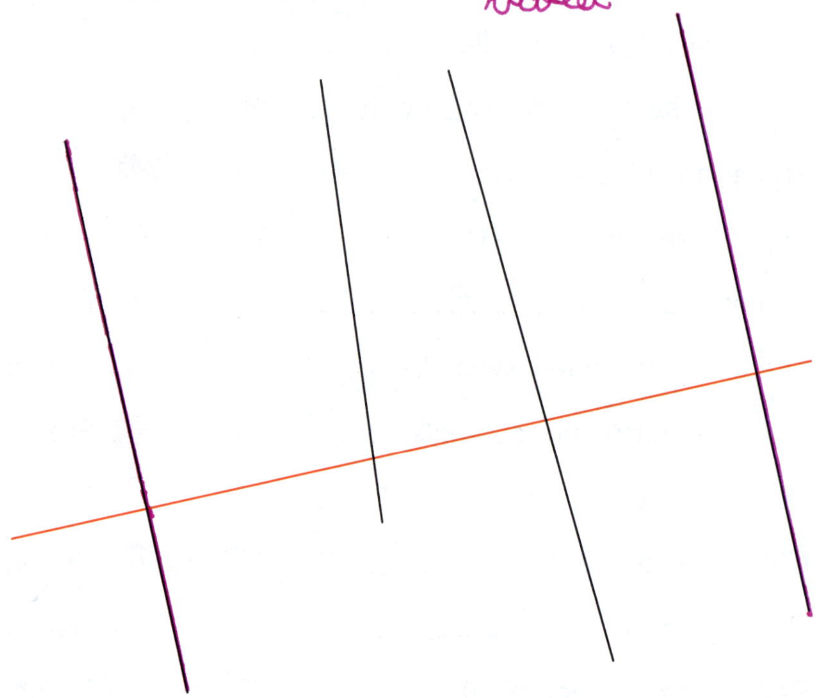

2 Avec ton équerre, **trouve** les droites perpendiculaires à la **droite rouge**. **Repasse**-les en ~~vert.~~ violet

2 Tracer des droites perpendiculaires

Compétence : Tracer une droite perpendiculaire à une droite donnée.

MATÉRIEL
Un crayon gris. Une règle. Une équerre.

Date 14/12/23

Observe

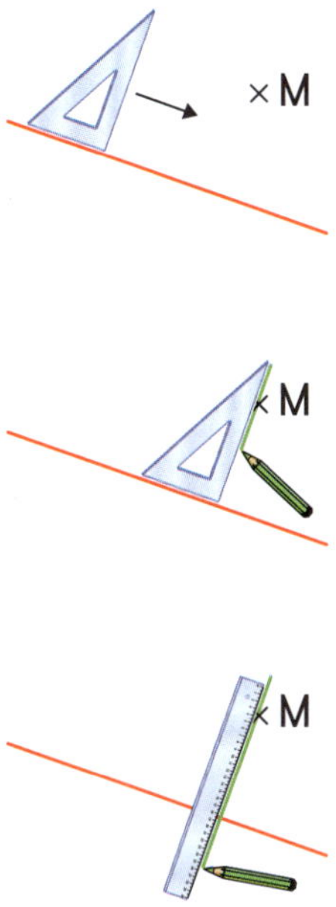

1 **Utilise** ton équerre pour tracer la droite perpendiculaire à la **droite rouge** et qui passe par le point A.

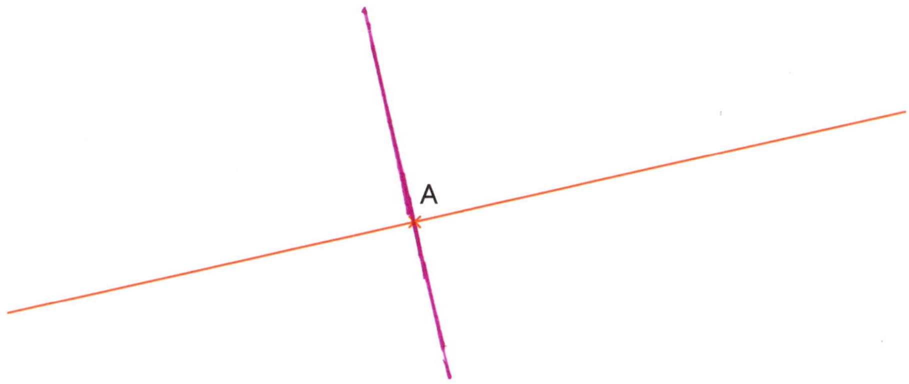

2 **Utilise** ton équerre pour tracer la droite perpendiculaire à la **droite rouge** et qui passe par le point B.

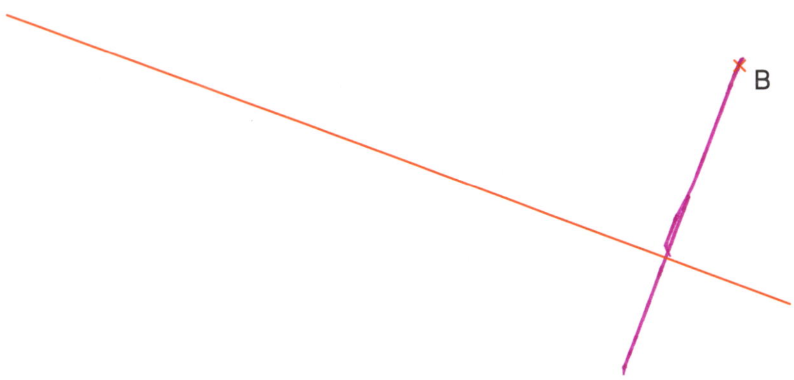

3 **Utilise** ton équerre pour tracer la droite perpendiculaire à la **droite rouge** et qui passe par le point C.

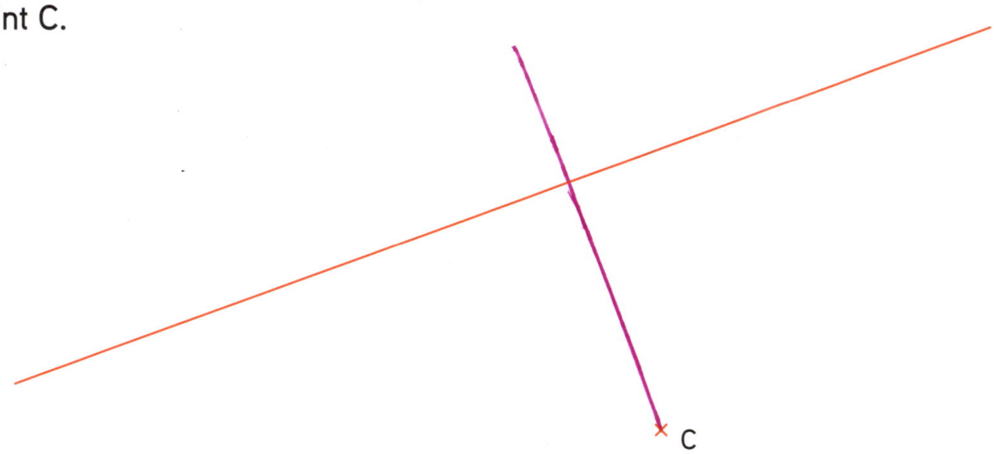

3 Reconnaître des droites parallèles

Compétence : Reconnaître des droites parallèles.

MATÉRIEL

Un crayon bleu.
Une règle.
Une équerre.

Date 15/12/23

Observe

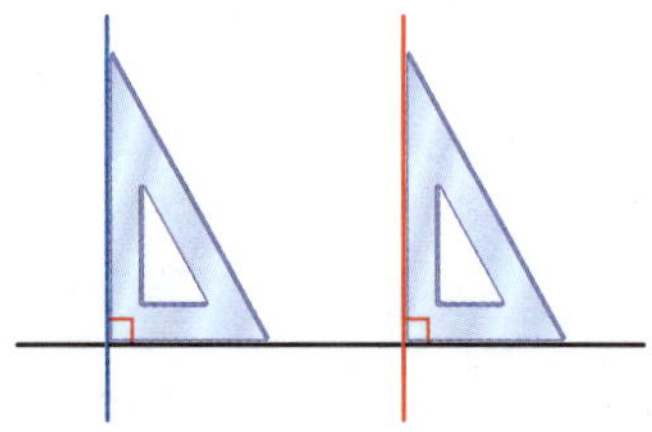

Les droites bleue et rouge sont parallèles.

1 **Repasse** en bleu la droite parallèle à la **droite rouge**.
Mesure l'écart entre ces deux droites.

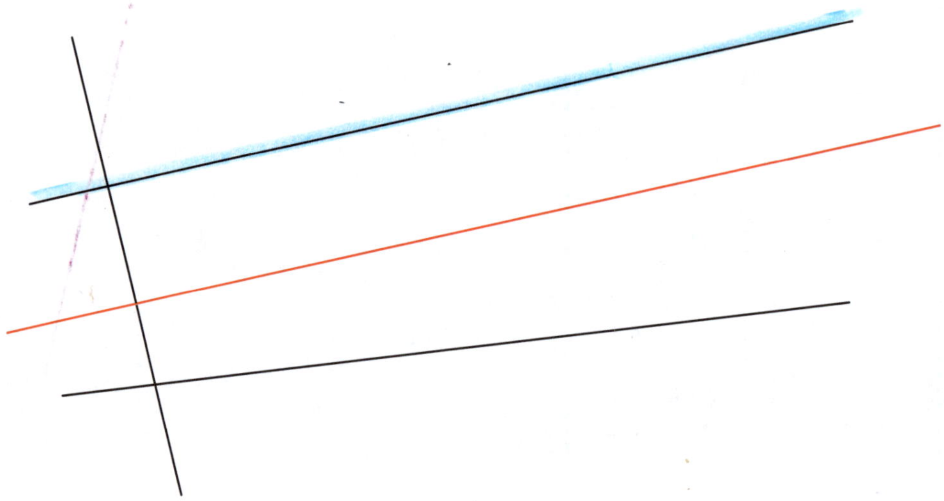

L'écart mesure : 2,1 cm.

2 **Repasse** en bleu les droites parallèles à la **droite rouge**.

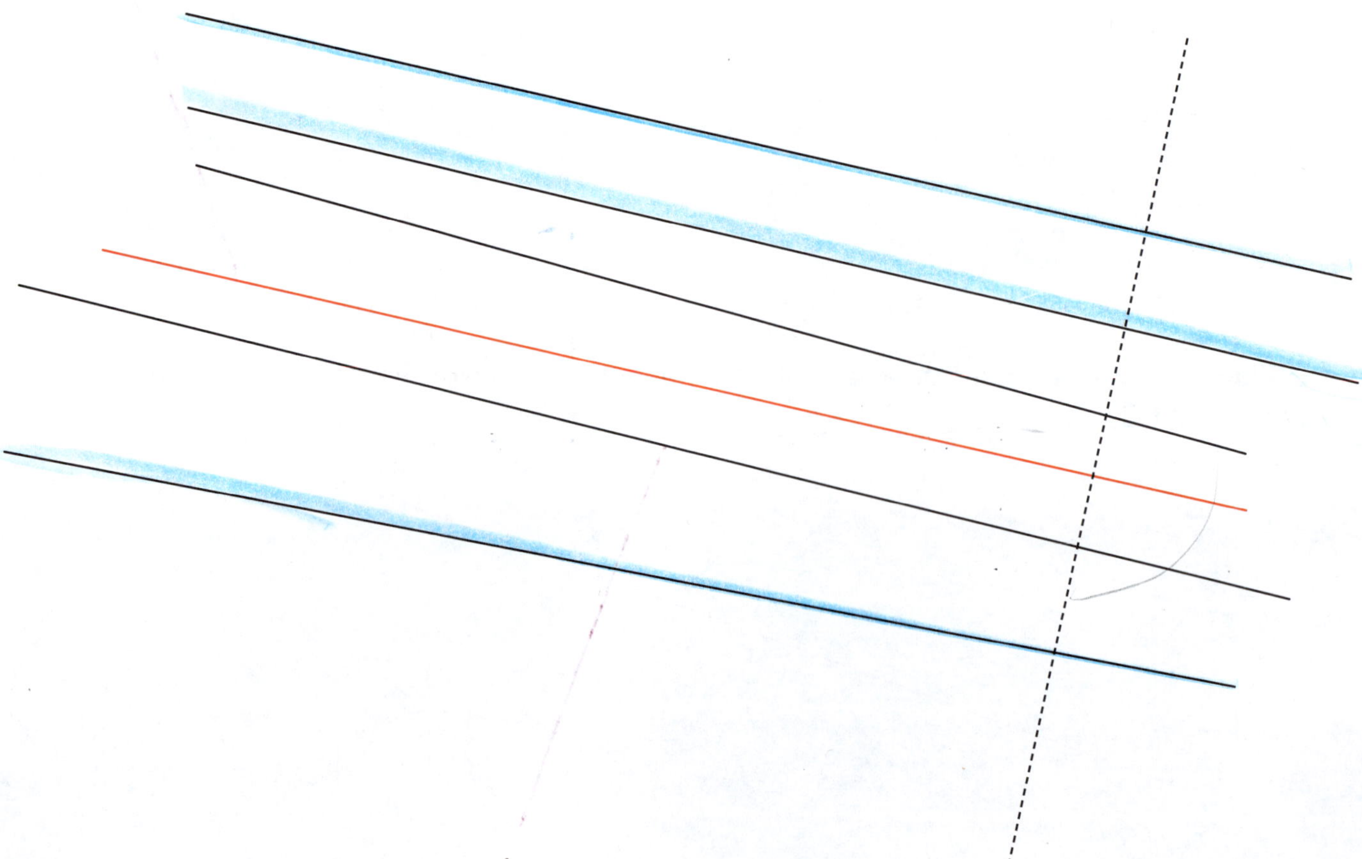

4 Tracer des droites parallèles

Compétence : Tracer des droites parallèles à une droite donnée.

Date 15/12/23

MATÉRIEL
Un crayon vert
et un crayon bleu.
Un crayon gris.
Une règle.
Une équerre.

Observe

Tracer une parallèle à une droite et qui passe par un point A donné.

Trace d'abord la perpendiculaire à la droite rouge passant par A.

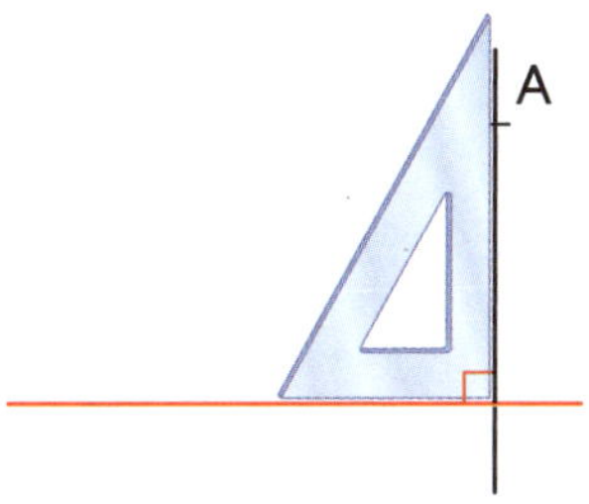

Trace ensuite la perpendiculaire en A à la droite que tu viens de tracer.

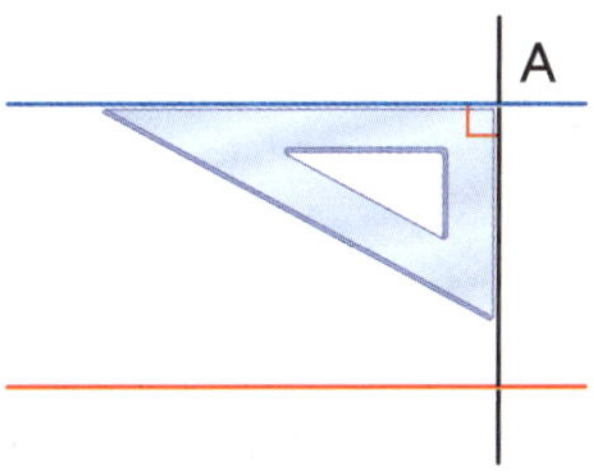

Les deux droites rouge et bleue sont parallèles.

1 **Trace** en vert la droite qui passe par le point A et qui est perpendiculaire à la droite rouge.
Trace en bleu la parallèle à la **droite rouge** qui passe par le point A.

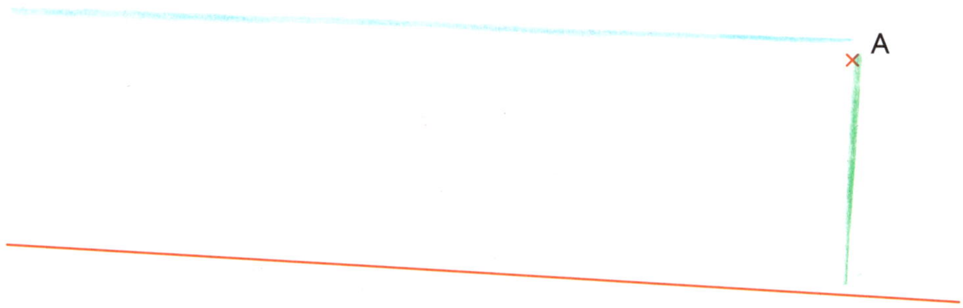

2 **Trace** en bleu la droite parallèle à la **droite rouge** qui passe par le point B.

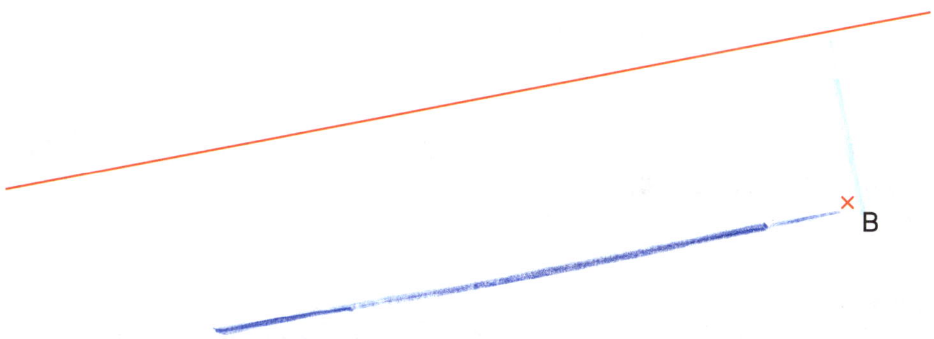

3 **Trace** avec ton crayon à papier deux droites parallèles dont l'écart est égal à 5 cm.

5 Tracer le symétrique d'une figure

MATÉRIEL

Un crayon gris.
Une équerre.
Un compas.

Compétence : Tracer le symétrique d'une figure en utilisant un quadrillage.

Date 19/01/24

Observe

Deux points symétriques sont à égale distance de l'axe de symétrie.
Un point et son symétrique sont sur une droite perpendiculaire à l'axe de symétrie.

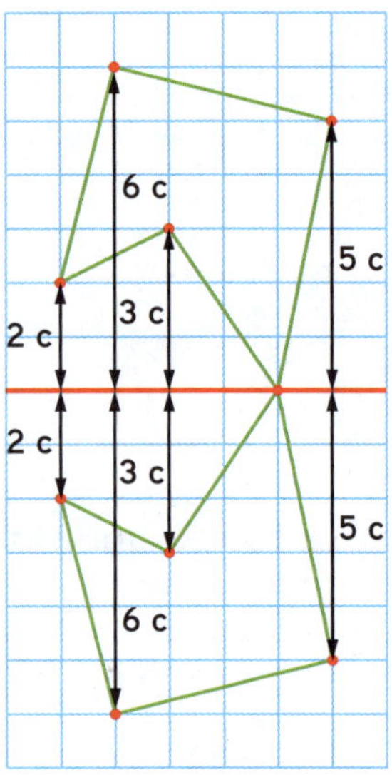

1 **Construis** les symétriques des points A, B et C par rapport à la **droite rouge**. **Nomme**-les D, E et F.
Trace le triangle DEF qui est le symétrique du triangle ABC.

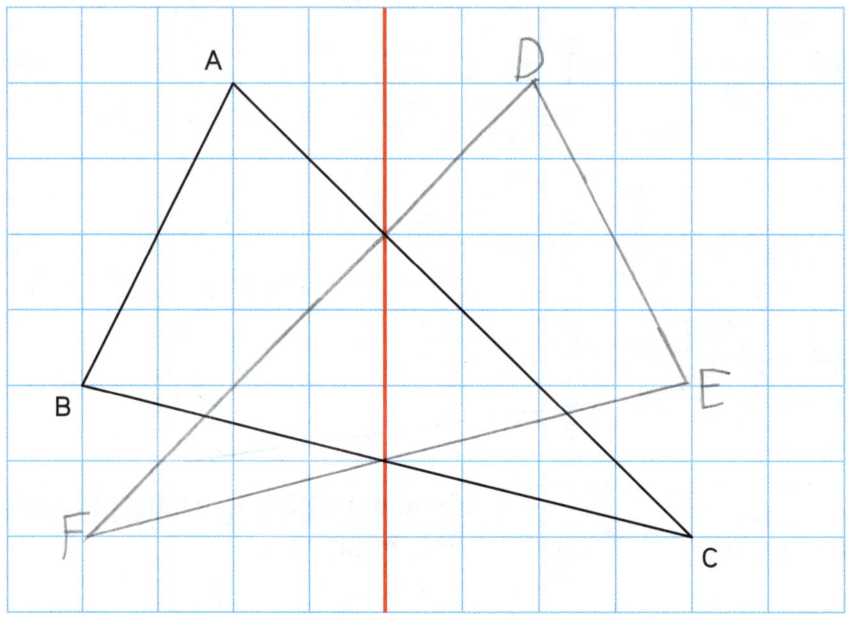

2 **Trace** le symétrique de cette figure par rapport à la **droite rouge**.

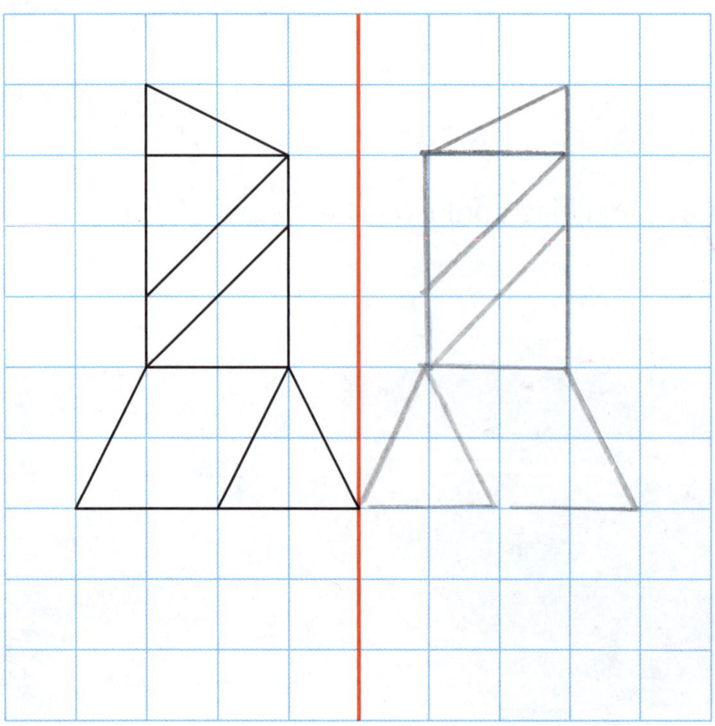

3 **Trace** le symétrique de cette figure par rapport à la **droite rouge**.

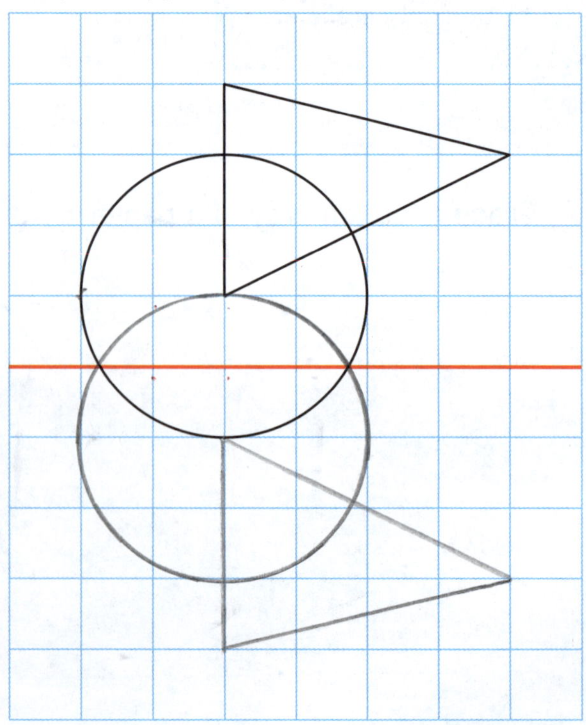

6 Tracer des cercles

Compétence : Utiliser un compas pour tracer des cercles et des triangles.

MATÉRIEL

Un crayon gris.
Un compas.

Date 19/01/24

Observe

Pour tracer un cercle, on utilise un compas.

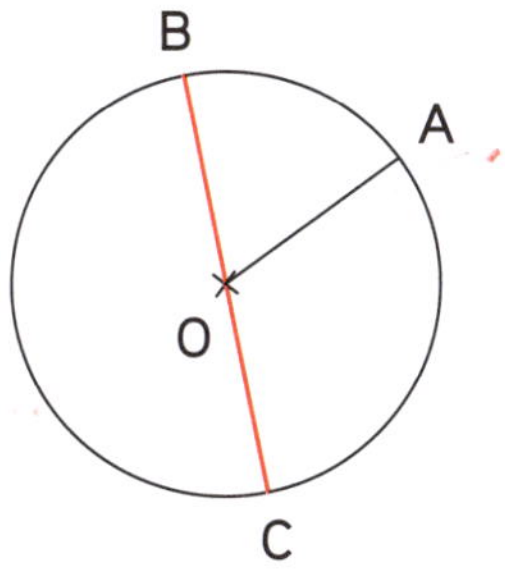

O est le centre
OA est un rayon
BC est un diamètre
BC = 2 × OA

1 **Trace** le cercle de diamètre AB. **Nomme** O son centre.
Trace le cercle de centre B et de rayon BO.
Nomme C et D les points où les cercles se coupent.
Trace en **rouge** le quadrilatère OCBD.

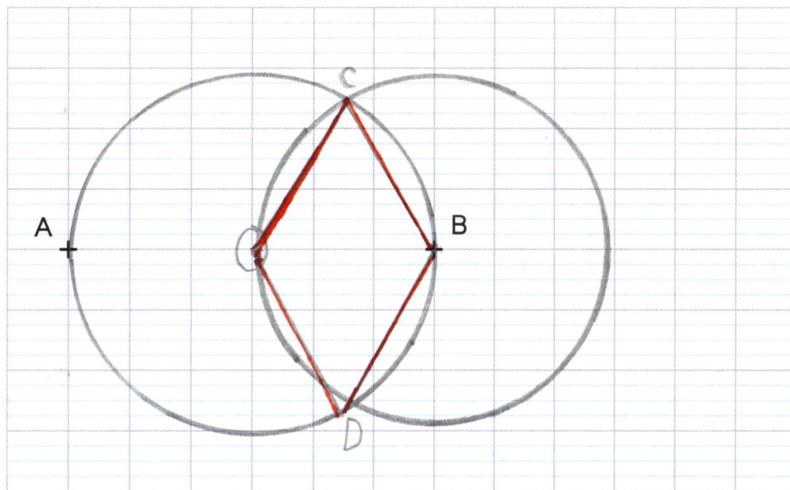

Quelle est la nature du quadrilatère OCBD ? **Justifie.**

2 À partir du segment AB :
Trace le cercle de centre A et de rayon 3 cm.
Trace le cercle de centre B et de diamètre 8 cm.
Ces deux cercles se coupent en C et D. **Place** ces points.
Trace les triangles ACB et ADB.
Sans mesurer, **donne** les longueurs des cotés AC, BC, AD et BD.

AC : 3cm ; BC : 4cm ; AD : 3cm ; BD : 4cm

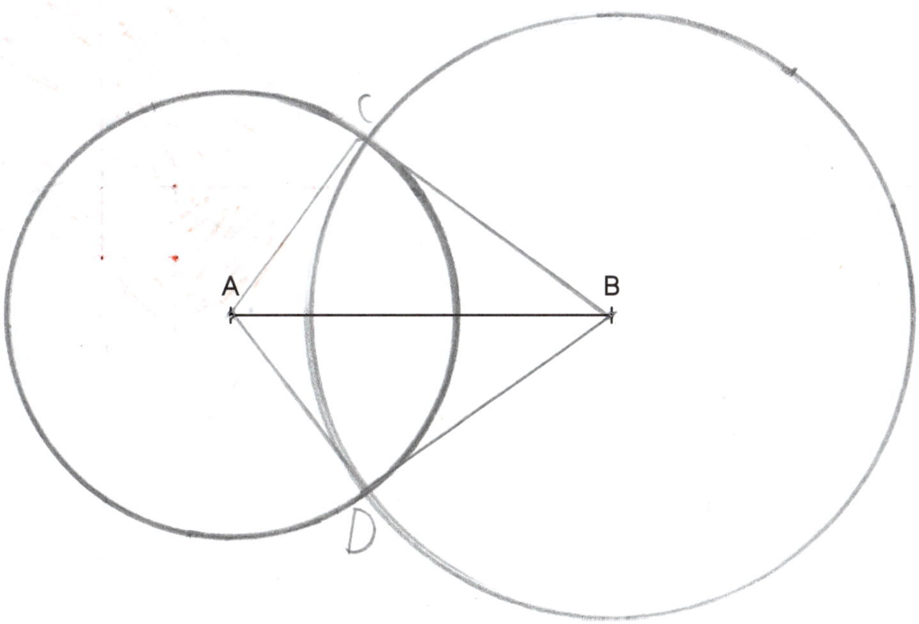

7 Reproduire une figure (1)

Compétence : Reproduire une figure sur papier pointé ou quadrillé.

MATÉRIEL

Un crayon gris.
Une règle.
Un compas.

Date 22/01/24

1 **Reproduis** cette figure sur le papier pointé.

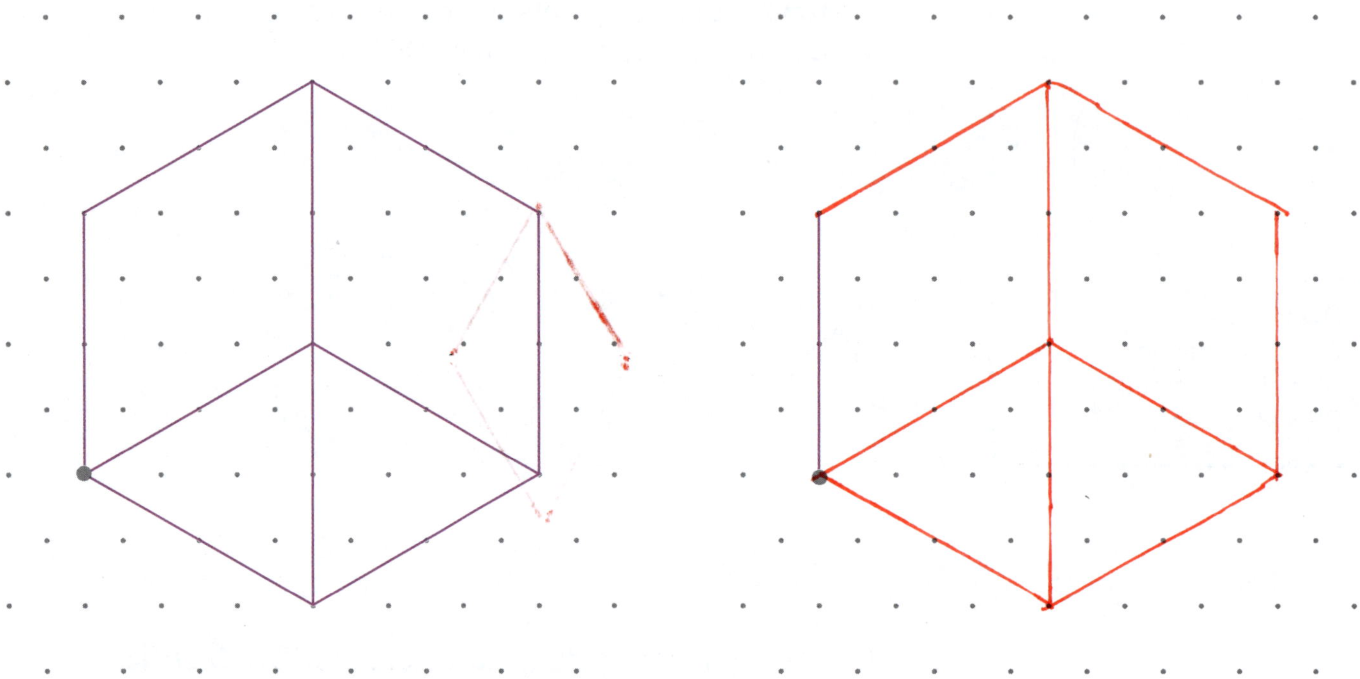

2 **Reproduis** cette figure sur le quadrillage.

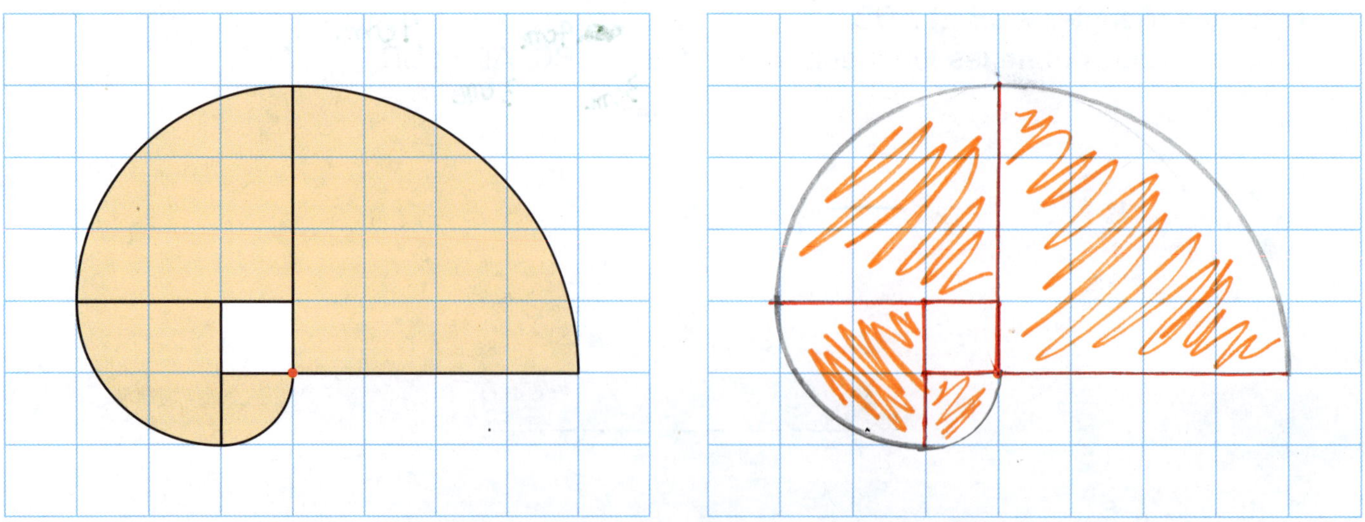

8 Tracer des triangles

Compétence : Tracer un triangle en utilisant ses propriétés.

Date 22/01/24

MATÉRIEL

Un crayon gris.
Une règle graduée.
Un compas.
Une équerre.

Observe

Trace un triangle ABC de côtés AB = 7 cm, AC = 5 cm, BC = 6 cm.

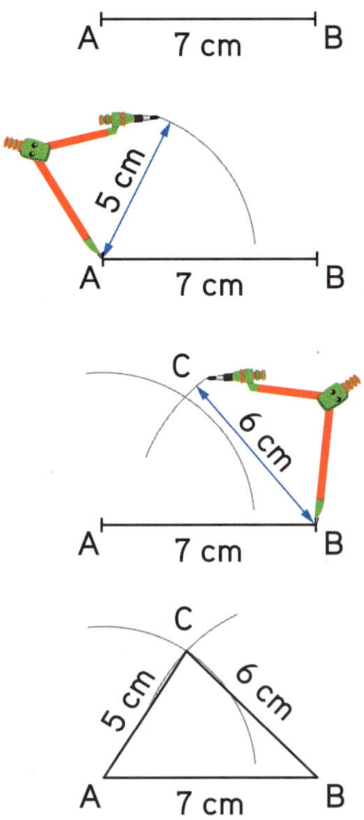

1 **Trace** un triangle de côtés 8 cm, 6 cm et 5 cm.

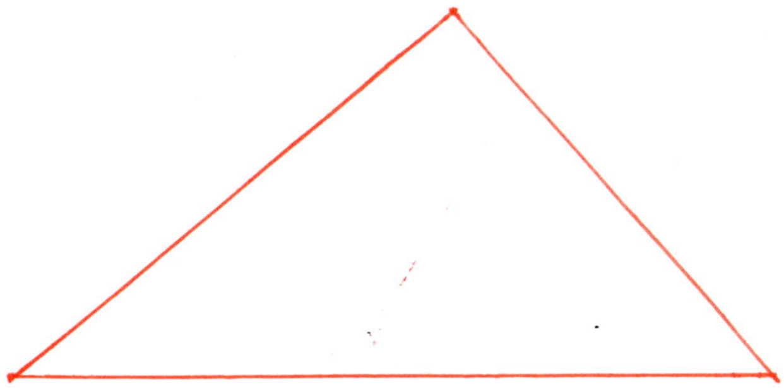

2 Parmi ces 4 segments, choisis-en 3 pour tracer un triangle.
Combien de triangles peux-tu tracer ? **Trace**-les. Un.

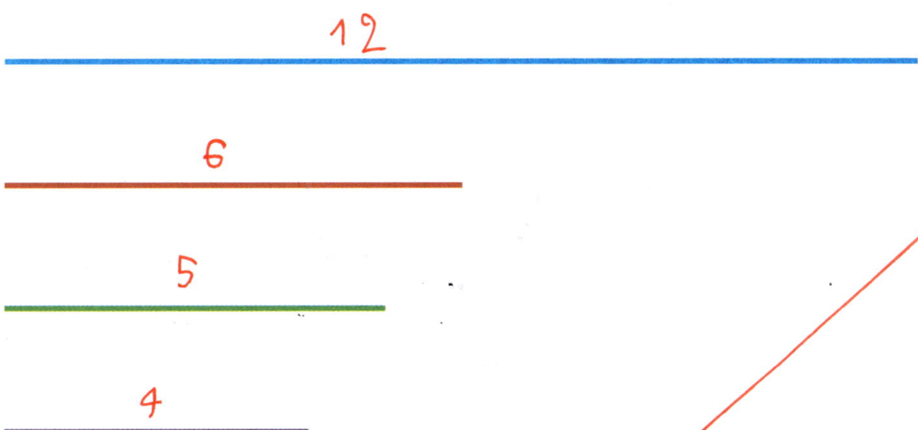

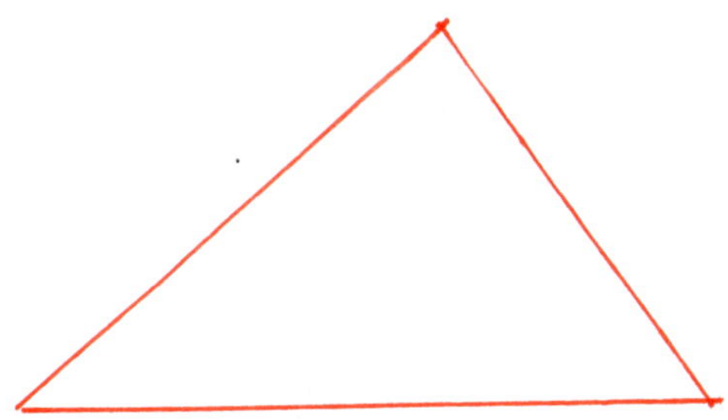

9 Tracer des triangles particuliers

Compétence : Tracer des triangles en utilisant leurs propriétés.

MATÉRIEL
Un crayon gris. Une règle graduée. Un compas. Une équerre.

Date ....

Observe

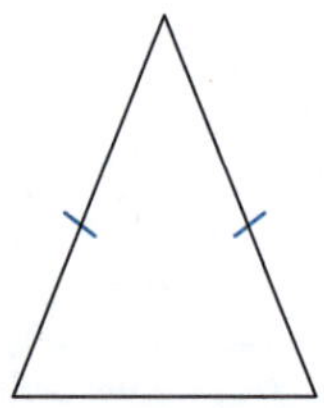
Triangle isocèle

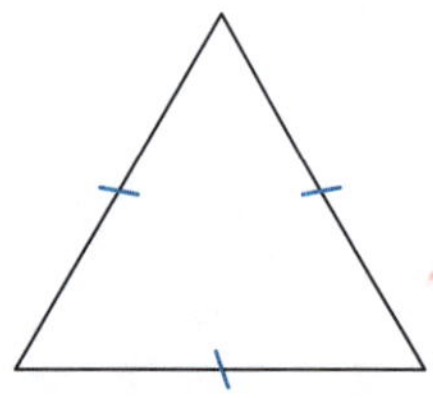
Triangle équilatéral

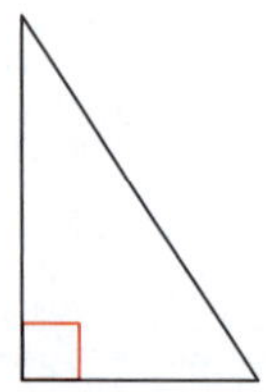
Triangle rectangle

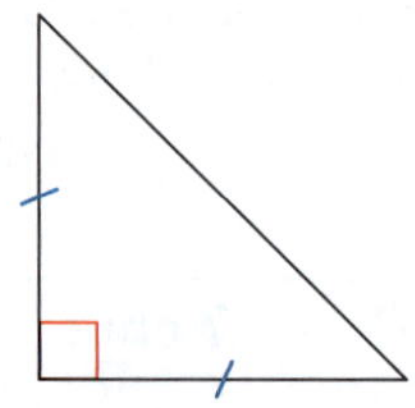
Triangle rectangle isocèle

1 **Trace** un triangle isocèle ABC.
AB = 7 cm ; AC = 6 cm ; BC = 6 cm

A

2 **Trace** un triangle équilatéral ABC.
AB = 7 cm ; AC = 7 cm ; BC = 7 cm

A

3 **Trace** un triangle rectangle ABC.
Les côtés de l'angle droit mesurent 7 cm et 5 cm.

A

4 **Trace** un triangle rectangle isocèle ABC.
Les côtés de l'angle droit mesurent 6 cm.

A

10 Tracer un carré, un rectangle

Compétence : Tracer un carré, un rectangle en utilisant les propriétés de ces figures.

MATÉRIEL

Un crayon gris.
Une règle graduée.
Une équerre.
Un compas.

Date ....

Observe

Carré

- 4 côtés de même longueur
- 4 angles droits

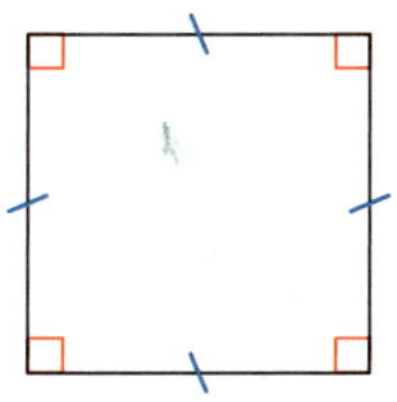

Rectangle

- Côtés opposés de même longueur
- 4 angles droits

1 **Termine** le rectangle.
Un côté est déjà tracé, la longueur de l'autre côté mesure 4 cm.

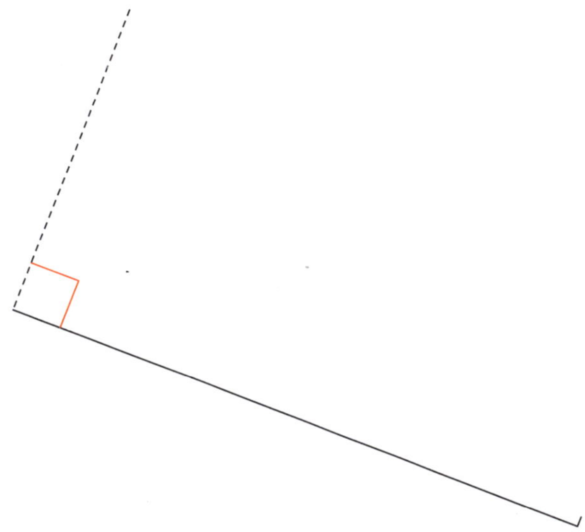

2 **Termine** le carré.

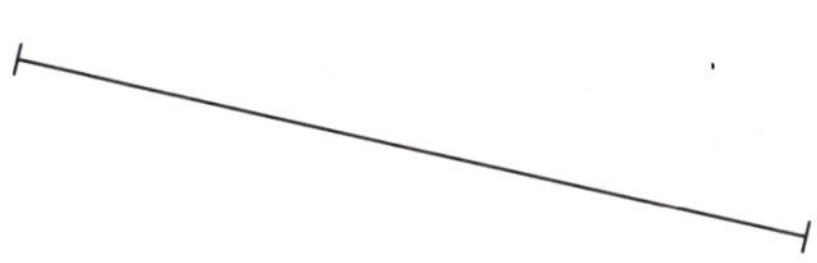

3 **Trace** un carré de 5 cm de côté.

11 Reproduire une figure (2)

Compétence : Reproduire une figure sur papier uni.

Date 06/02/24

MATÉRIEL

Un crayon gris.
Une règle graduée.
Une équerre.
Un compas.

1 **Reproduis** cette figure. Les longueurs des côtés du rectangle mesurent 3 cm et 5 cm.
Les points rouges sont les milieux des côtés du rectangle.

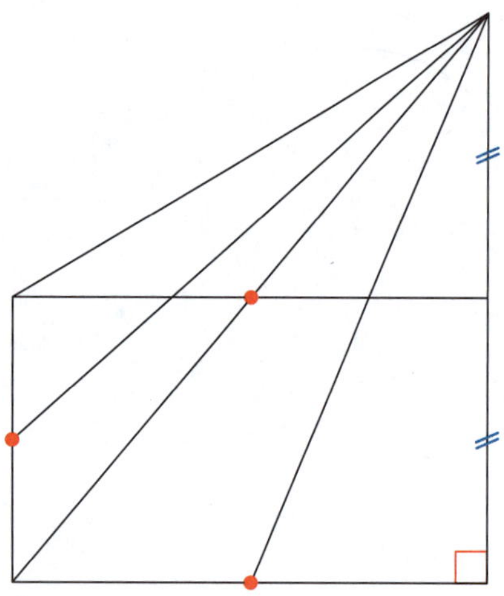

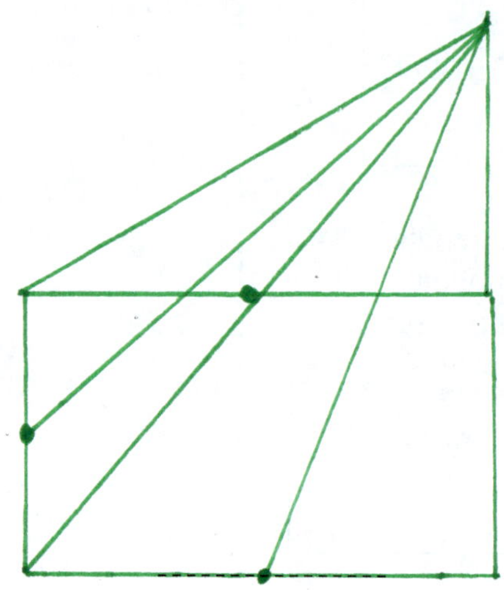

2 **Reproduis** cette figure. La longueur du côté du carré mesure 4 cm.
Le point rouge est le milieu du côté.

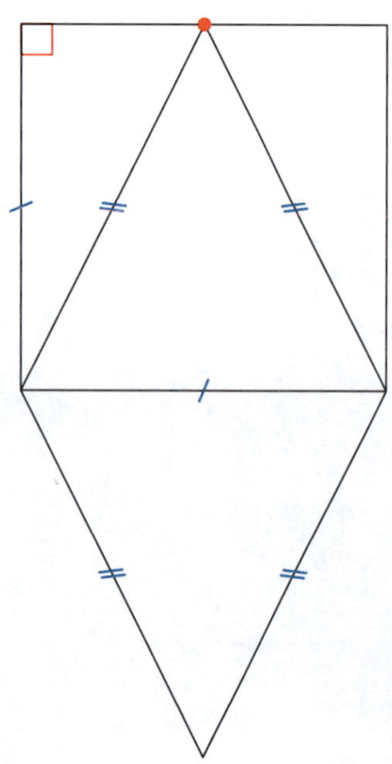

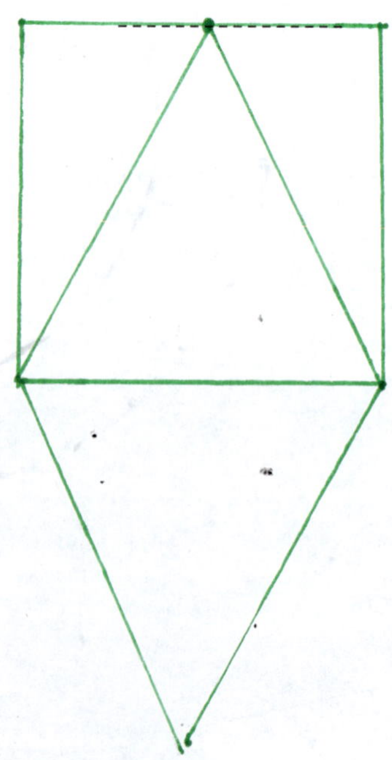

12 Utiliser le compas

Compétence : Utiliser le compas et la règle graduée pour tracer une figure.

MATÉRIEL

Un crayon gris.
Des crayons de couleur.
Une règle graduée.
Un compas.

Date 06/02/24

Observe

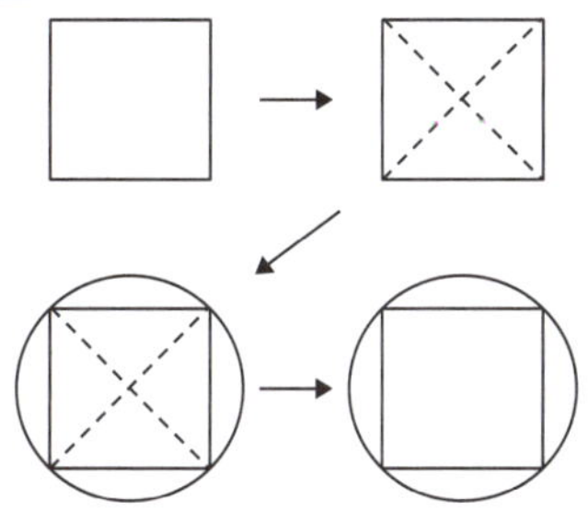

Trace cette figure. La longueur du côté du carré mesure 6 cm.
Colorie-la comme sur le modèle, ou bien selon ton goût.

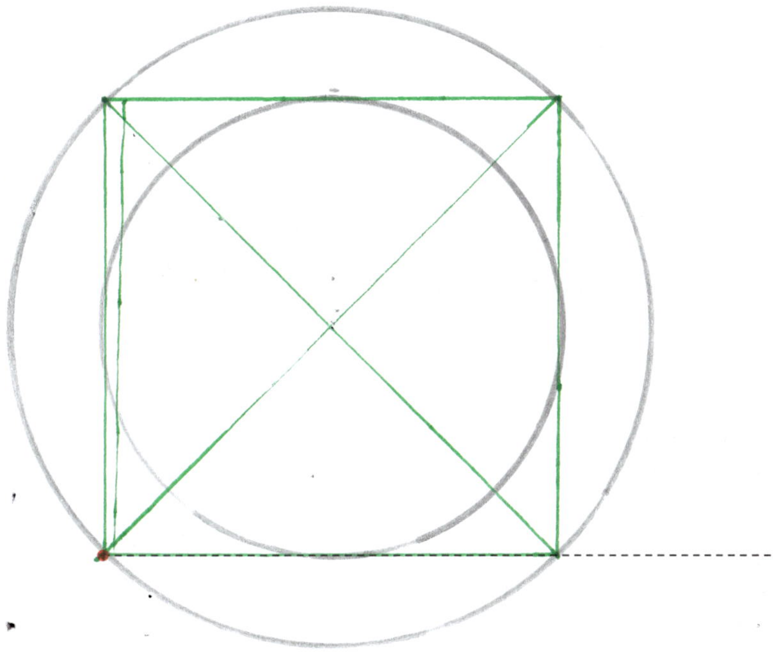

13 Tracer des rosaces

Compétence : Utiliser le compas pour construire une figure.

MATÉRIEL
Un compas.
Une règle.
Une équerre.
Des crayons de couleur.

Date 07/02/24

Observe

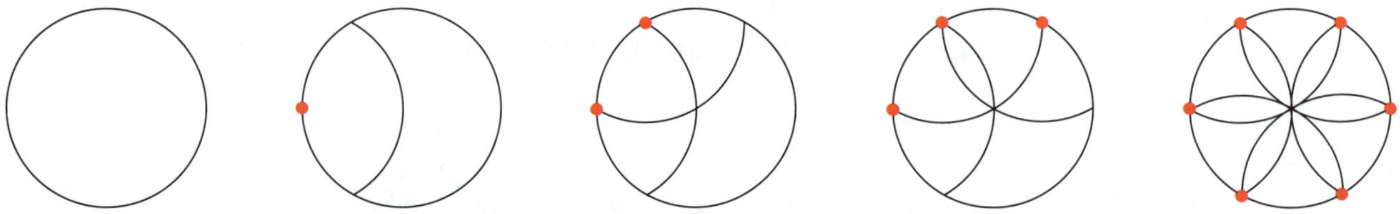

L'écartement du compas ne change pas pendant toute la construction.

1 **Reproduis** la rosace et **colorie**-la à ton goût. **Commence** par tracer une rosace à six branches, puis **complète**-la.

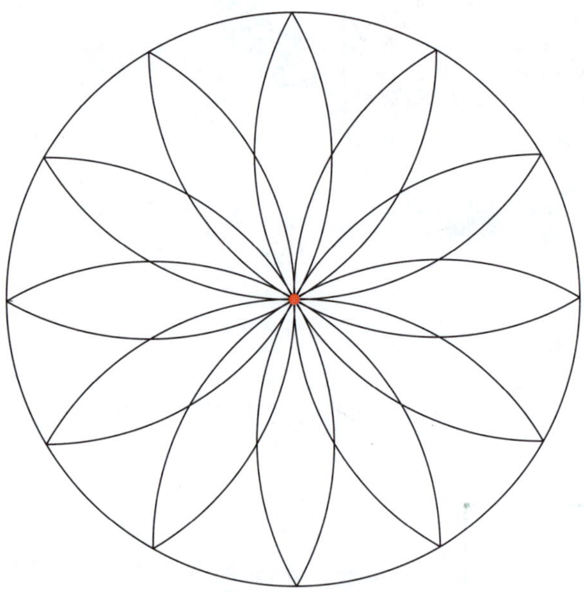

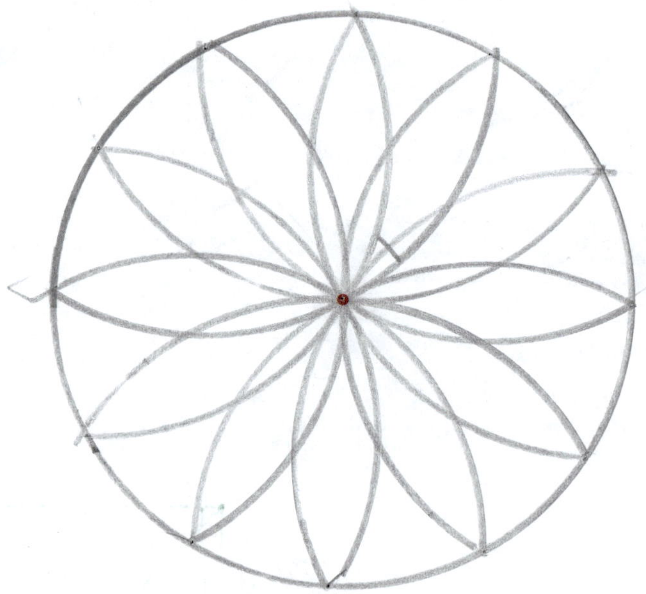

2 **Reproduis** la rosace et **colorie**-la à ton goût.

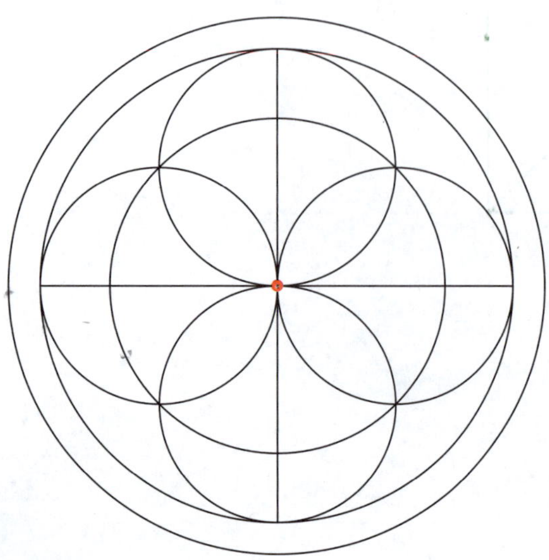

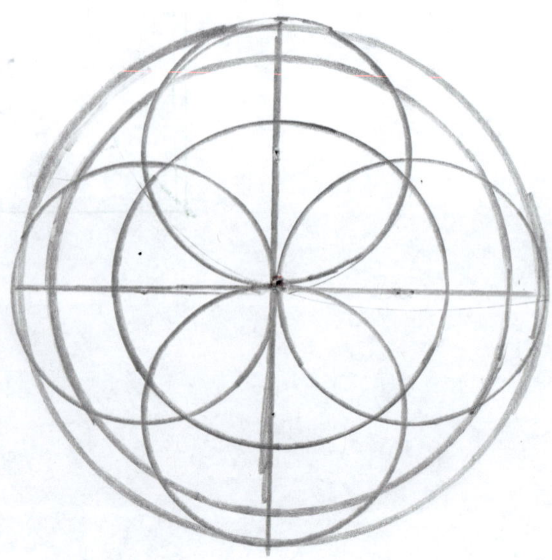

14 Reproduire une figure (3)

Compétence : Reproduire une figure sur papier uni.

MATÉRIEL

Un crayon gris.
Une règle graduée.
Une équerre.
Un compas.

Date 07/09/24

1 **Observe** cette figure, puis **reproduis**-la.
On a tracé le grand carré. Les deux diagonales en pointillés ne font pas partie de la figure, elles sont tracées pour t'aider.

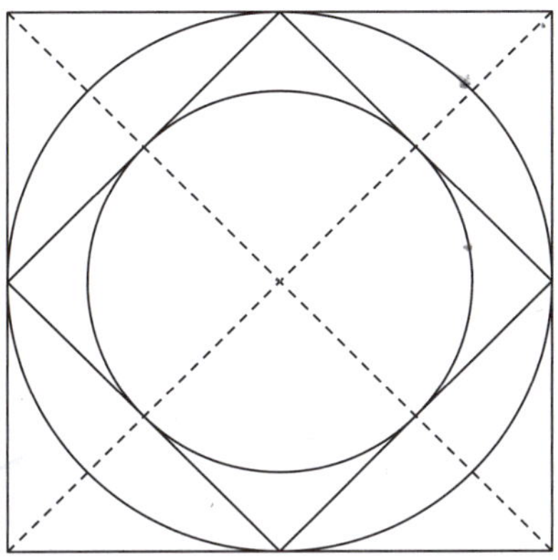

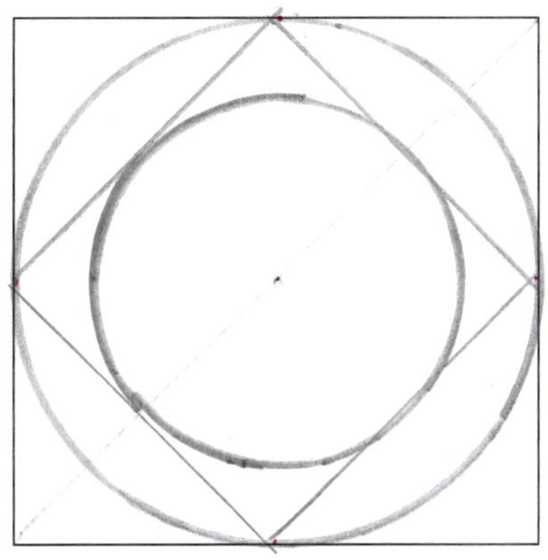

2 **Retrouve** les tracés qui ont permis de construire ce cœur, puis **reproduis**-le.

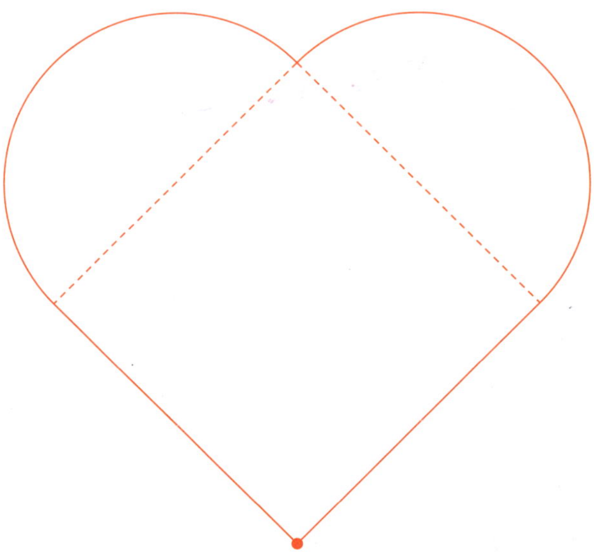

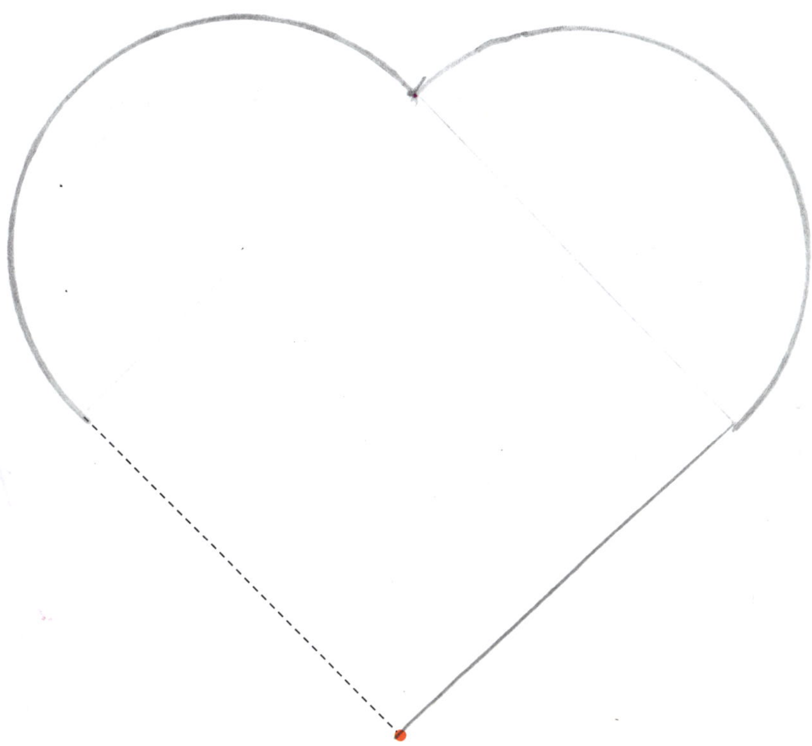

15 Tracer un losange

Compétence : Tracer un losange en utilisant ses propriétés.

MATÉRIEL

Un crayon gris.
Une règle graduée.
Un compas.

Date 08/02/24

Observe

Losange

- 4 côtés de même longueur
- Côtés opposés parallèles
- 2 axes de symétrie

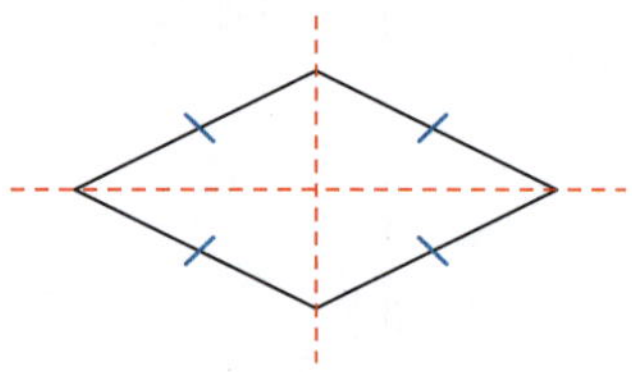

1 **Termine** la construction du losange.

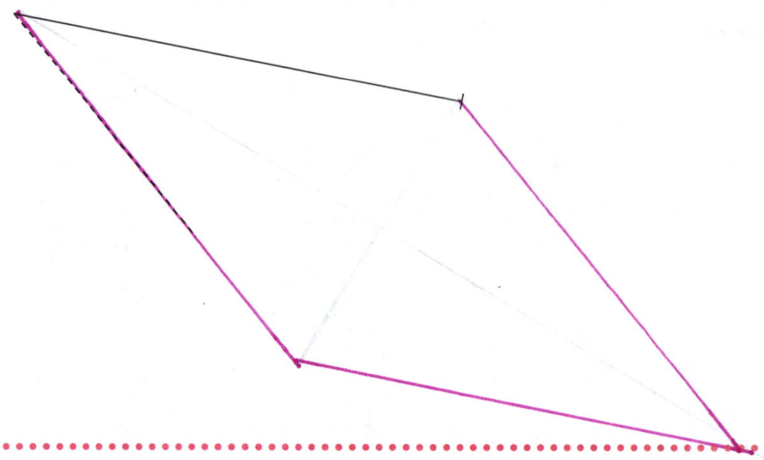

2 **Utilise** le gabarit d'angle **a** de la **page Matériel B** pour tracer un losange de 5 cm de côté.

3 **Termine** le losange. On a tracé un côté et ses axes de symétrie.

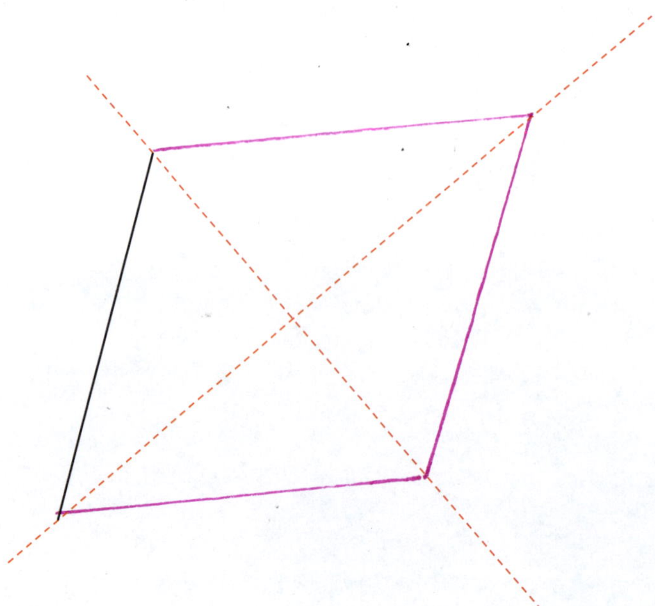

16 Construire une figure à partir d'un dessin à main levée

Compétence : Construire une figure à partir d'un dessin à main levée.

MATÉRIEL

Un crayon gris.
Une règle graduée.
Une équerre.
Un compas.

Date 08/02/24

Observe

Observe les codages.

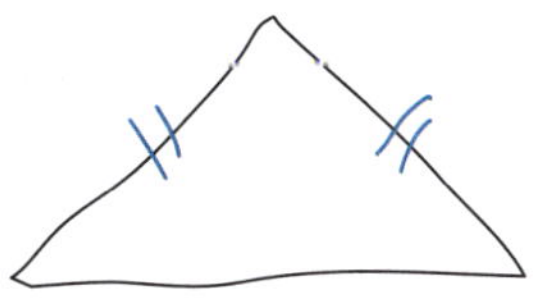

Ces 2 côtés ont même longueur.

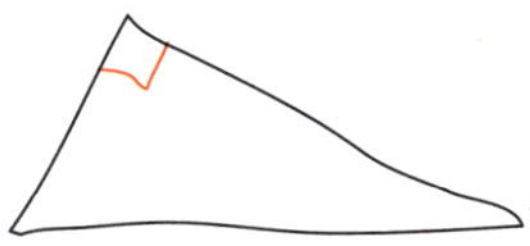

Cet angle est droit.

1 **Trace** cette figure à l'aide des instruments de géométrie.
Un côté du triangle mesure 4 cm.

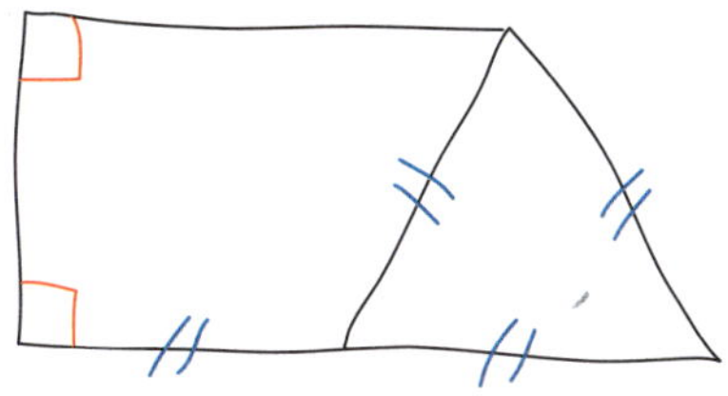

2 **Trace** cette figure à l'aide des instruments de géométrie.
Un côté du carré mesure 5 cm. Les centres des cercles sont les croix.

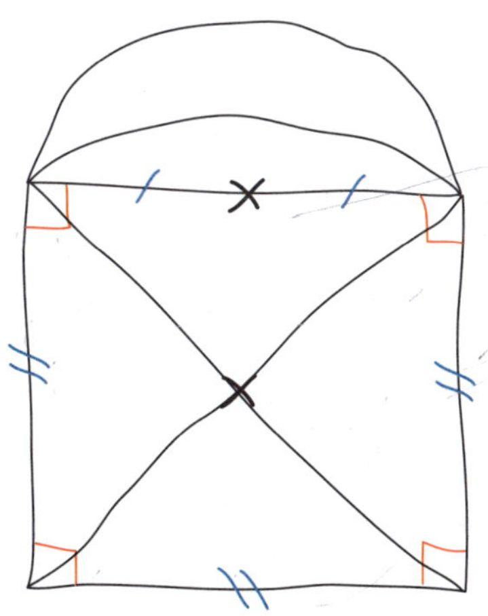

17 Tracer une figure d'après un programme de construction

Compétences : Tracer une figure d'après un programme de construction. Utiliser la règle graduée et le compas.

Date 15/02/24

MATÉRIEL

Un crayon gris.
Une règle.
Un compas.

Observe

Programme

1. Trace un segment de 6 cm de longueur.
2. Marque son milieu.
3. Trace un cercle ayant ce segment pour diamètre.

Construction

1.
2.
3.

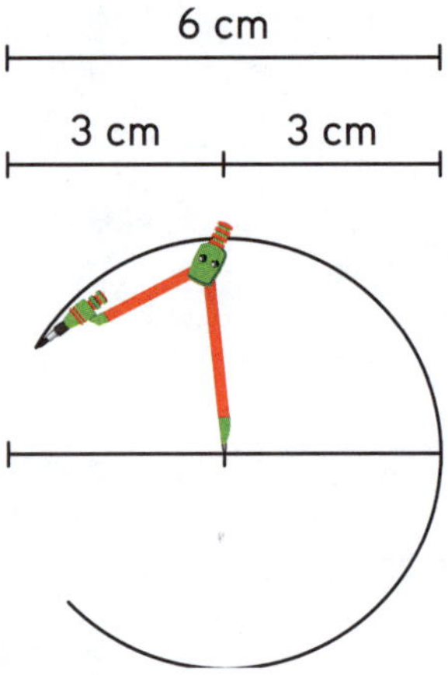

1 **Utilise** ton compas pour tracer un triangle équilatéral de 8 cm de côté.

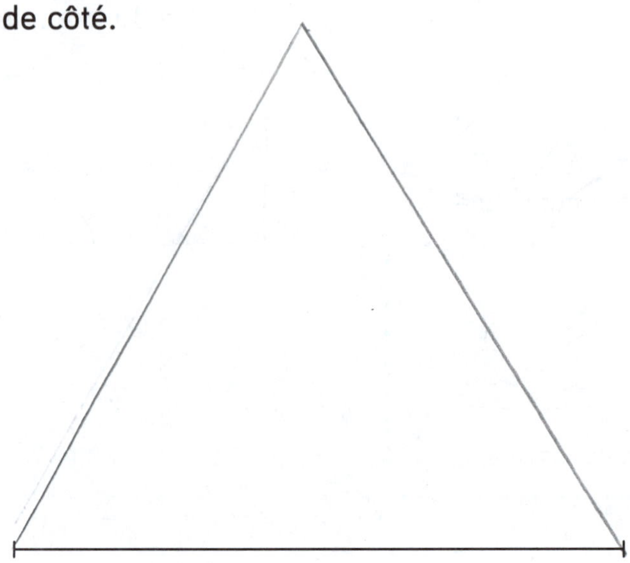

2 **Programme de construction.**

Trace un rectangle de 5 cm de largeur et 10 cm de longueur.
Trace ses deux diagonales, elles se coupent au point O.
Trace le cercle de centre O qui passe par les sommets du rectangle.

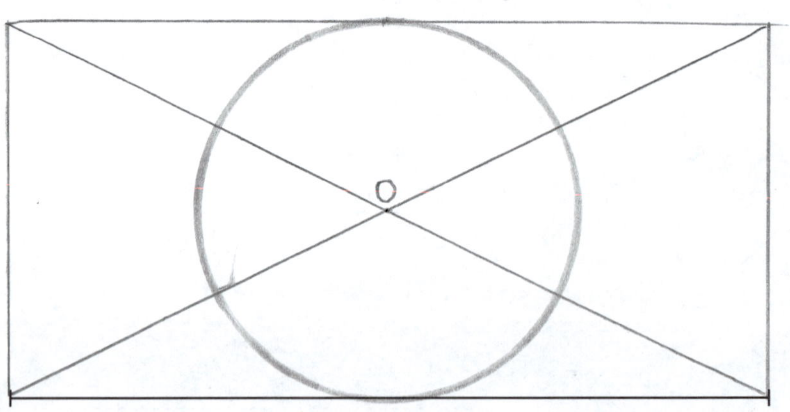

18 Problèmes de géométrie

Compétence : Résoudre un problème de géométrie par l'analyse ou la construction d'une figure complexe.

MATÉRIEL
Un crayon gris,
un crayon bleu,
un crayon jaune.
Une règle, une équerre.
Un compas.

Date 15/03/24

Observe

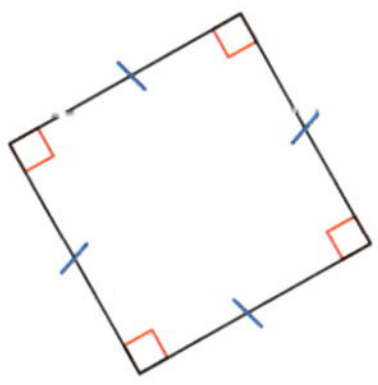
carré

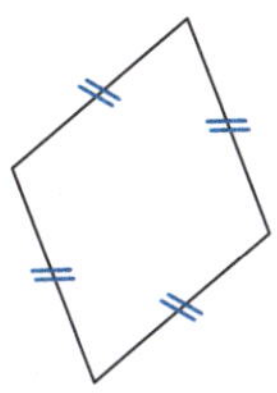
losange

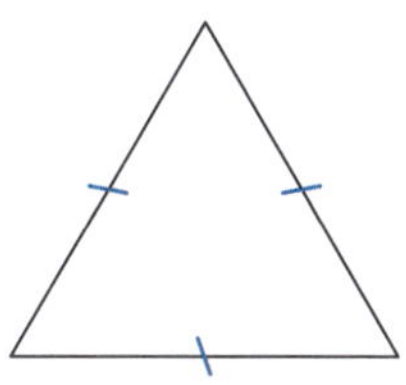
triangle équilatéral

1 **Observe** la figure.
Le point rouge est le centre du cercle.

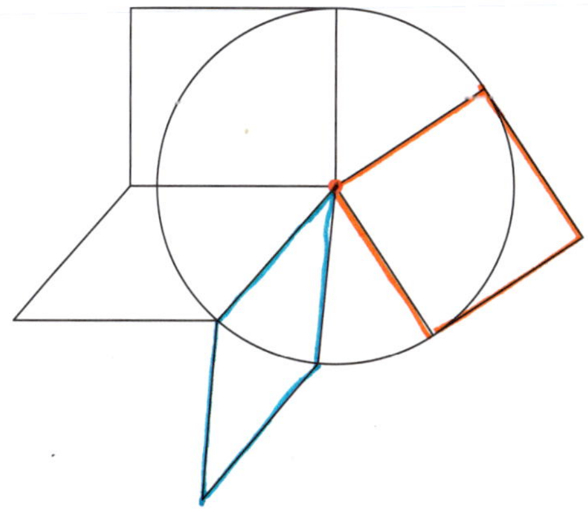

a. L'un des quadrilatères est un carré.
Repère-le. **Colorie**-le en jaune.
Quelles propriétés du carré t'ont permis de l'identifier ?

Il a des cotés angles droits.

b. Un autre quadrilatère est un losange. **Repère**-le. **Colorie**-le en bleu.
Quelles propriétés du losange t'ont permis de l'identifier ?

2 Quatre des points **rouges** marqués sur ce cercle sont les sommets d'un carré. **Retrouve**-les, puis **trace** ce carré en **bleu**.
Vérifie à l'aide de tes instruments de géométrie que la figure que tu as tracée est bien un carré.

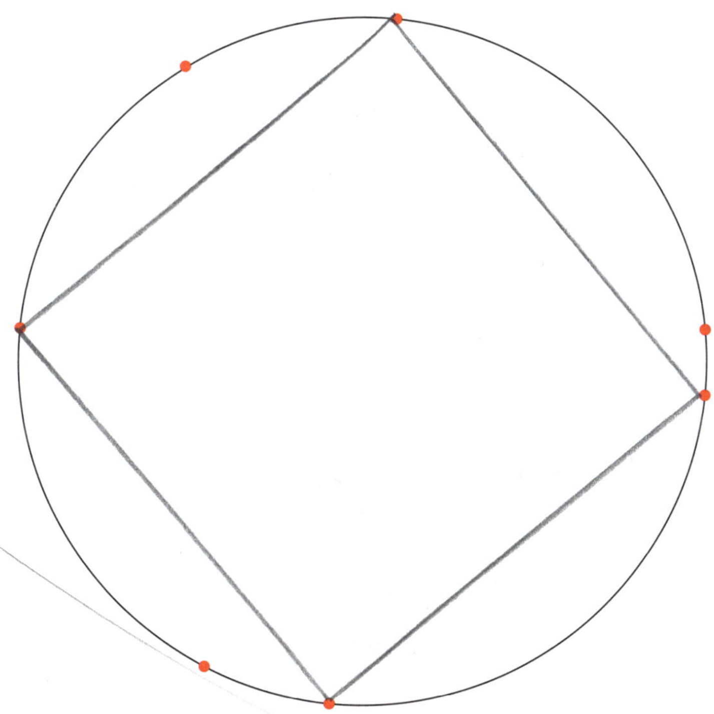

3 Trois des points **rouges** marqués sur ce cercle sont les sommets d'un triangle équilatéral. **Retrouve**-les, puis **trace** ce triangle en **vert**.
Vérifie à l'aide de tes instruments de géométrie que la figure que tu as tracée est bien un triangle équilatéral.

19 Du patron au solide

Compétences : Construire un solide à partir de son patron. Acquérir le vocabulaire relatif aux solides.

MATÉRIEL
Un crayon gris.
Une paire de ciseaux.
Les patrons P1 et P2 de la **page Matériel A**.
Du ruban adhésif.

Date ....

Observe

Prisme

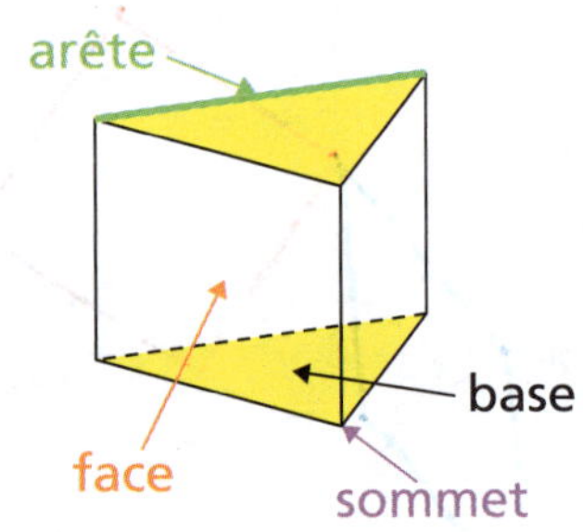

Pyramide

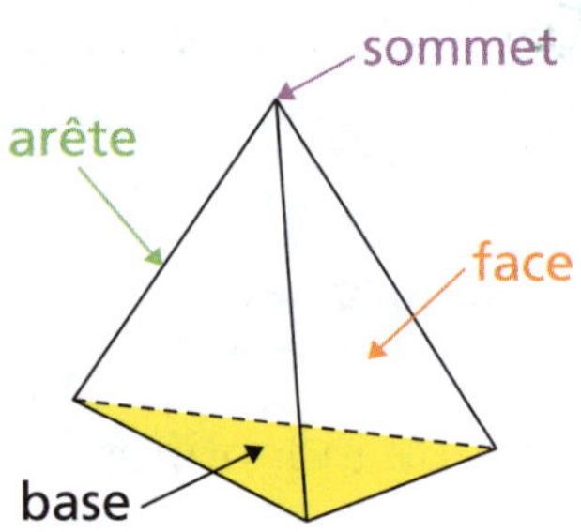

1 **Découpe** le patron P1 du prisme de la **page Matériel A**.
Plie-le et **construis** le prisme.
Quelle est la forme de la base ?

La base est ....

Trouve le nombre de faces, de sommets et d'arêtes.

Ce prisme possède :

.... faces , ... sommets et .... arêtes.

2 **Complète** la figure pour obtenir le patron d'un prisme.

3 **Découpe** le patron P2 de la pyramide de la **page Matériel A**.
Plie-le et **construis** la pyramide.
Quelle est la forme de la base ?

La base est ....

Trouve le nombre de faces, de sommets et d'arêtes.

Cette pyramide possède .... faces, ... sommets et .... arêtes.

20 Patrons du cube

Compétence : Passer du solide au patron et réciproquement.

MATÉRIEL

Une paire de ciseaux.
Les patrons P3, P4 et P5 de la **page Matériel B**.

Date ....

Observe

- Un patron de cube comporte 6 carrés superposables.
- Un solide peut avoir plusieurs patrons.

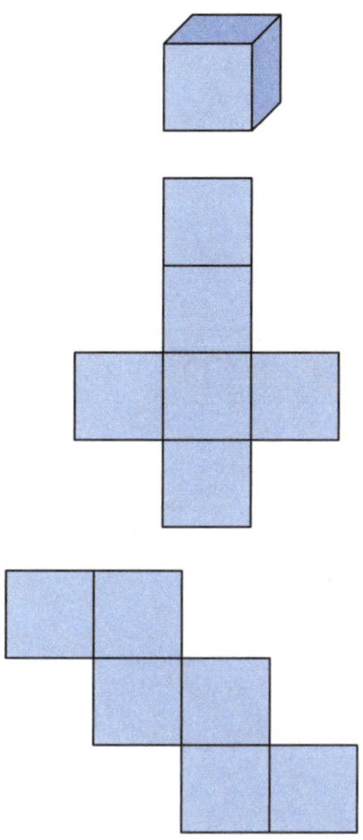

1 **Découpe** le patron P3 de la **page Matériel B** et **construis** le dé. **Entoure** le dé qui correspond à celui que tu viens de construire.

2 **Dessine** le symbole de chaque face vide.
Pour **vérifier**, **découpe** le patron P4 de la **page Matériel B** et **construis** le cube.

3 **Observe** le patron et **complète** les faces du dé posé comme ci-dessous.
Pour t'aider, tu peux découper le patron P5 de la **page Matériel B**.

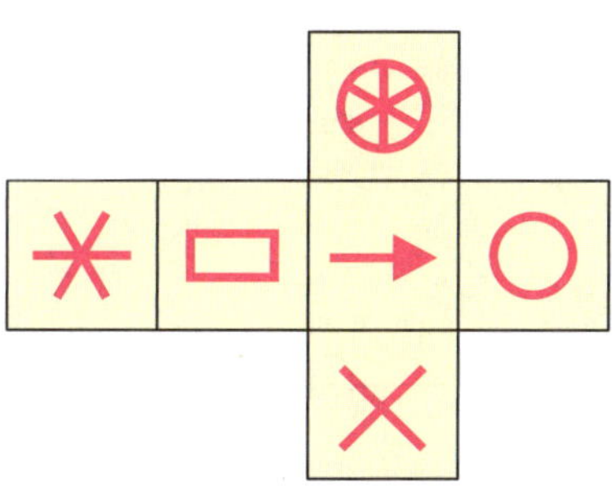

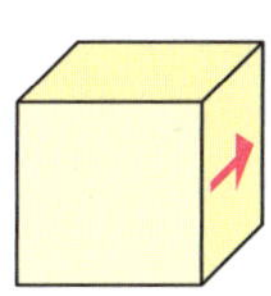

Face de dessus

Face de gauche

Face de dessous

Face de derrière

Face de droite 

Face de devant

21 Agrandissement de figures

Compétence : Agrandir une figure en utilisant la proportionnalité.

Date ....

Observe

Pour agrandir une figure à l'échelle 2

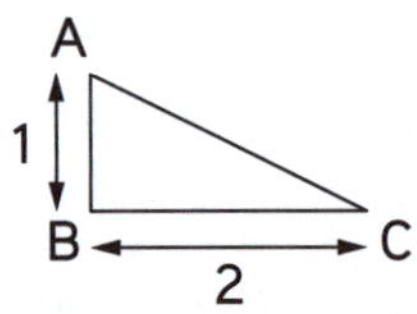

	AB	BC
Modèle	1	2
Agrandissement	2	4

× 2

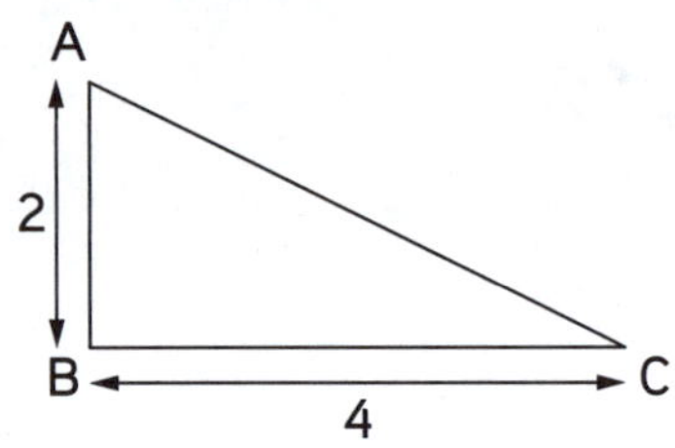

1 Pour agrandir la figure ci-contre à l'échelle 3 :

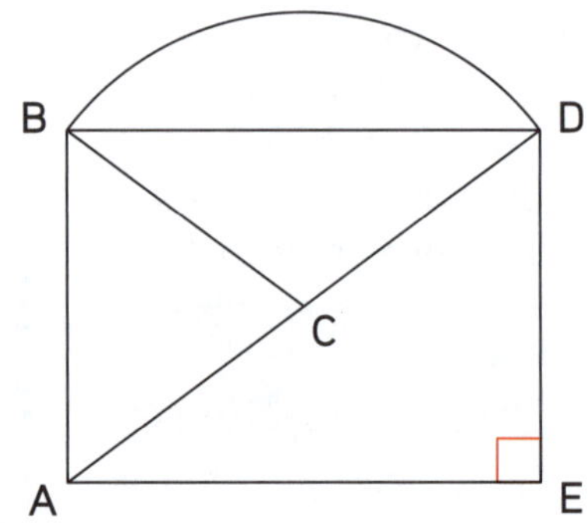

a. Trouve le centre de l'arc de cercle.

Le centre est le point ....

b. Mesure les longueurs du modèle et **complète** le tableau.

	AE	AB	BC	AD	ED
Modèle	4	3	....	....	....
Agrandissement	12	....	....	....	....

× ...

2 **Trace** la figure agrandie. Le segment AE est déjà tracé.

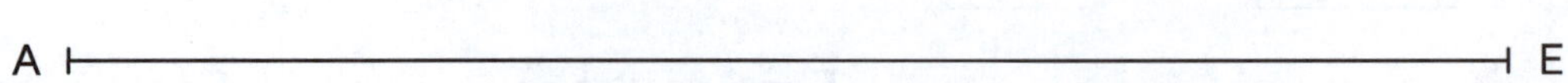

Matériel à découper

A

Fiche 19

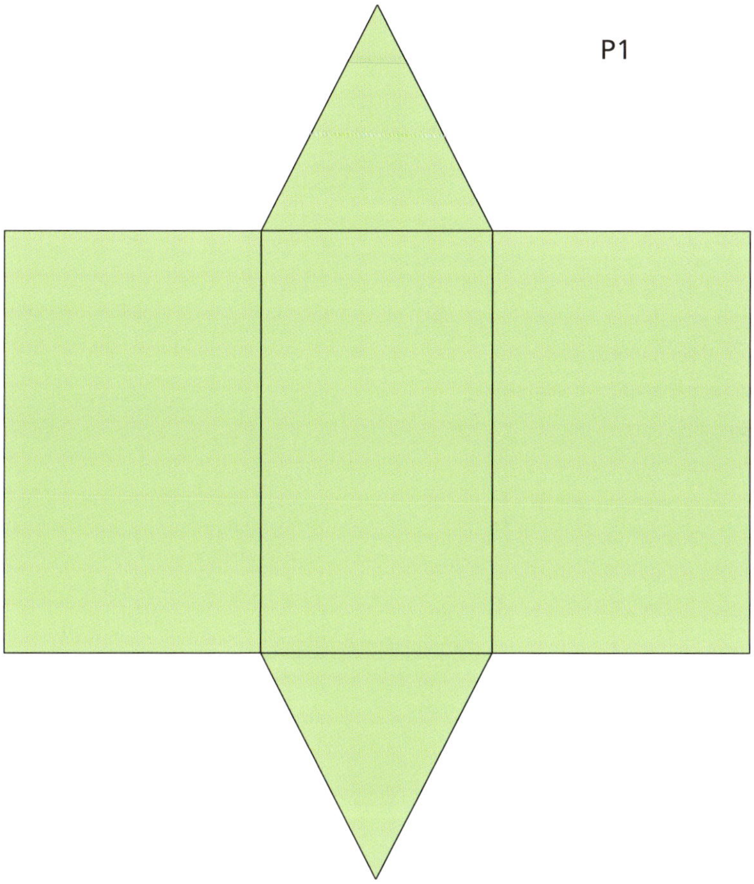
P1

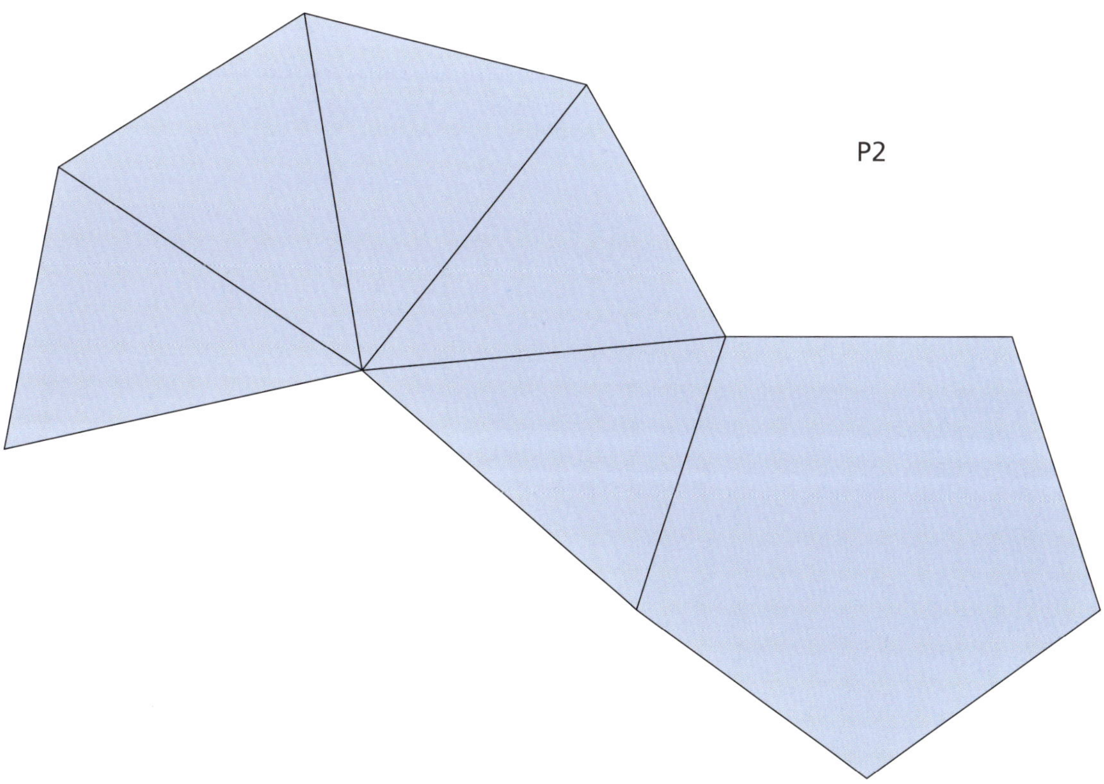
P2

Fiche 23

G1

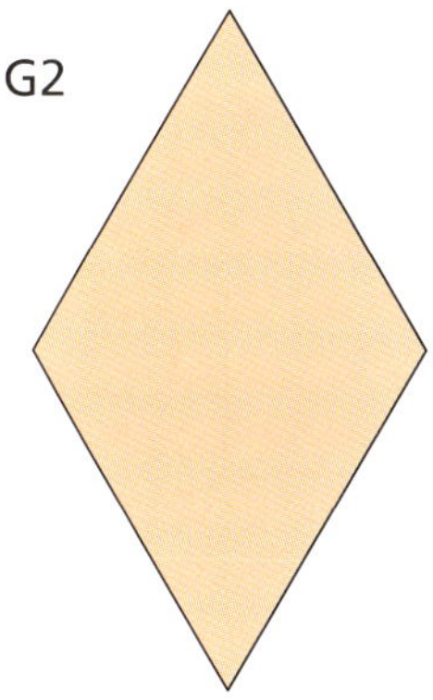
G2

Matériel à découper

Fiche 20

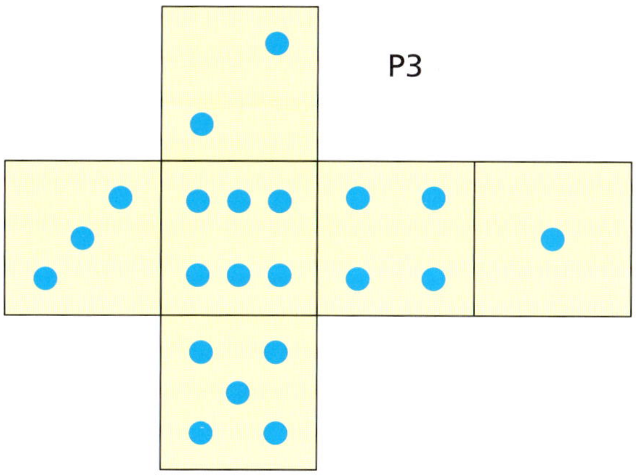

P3

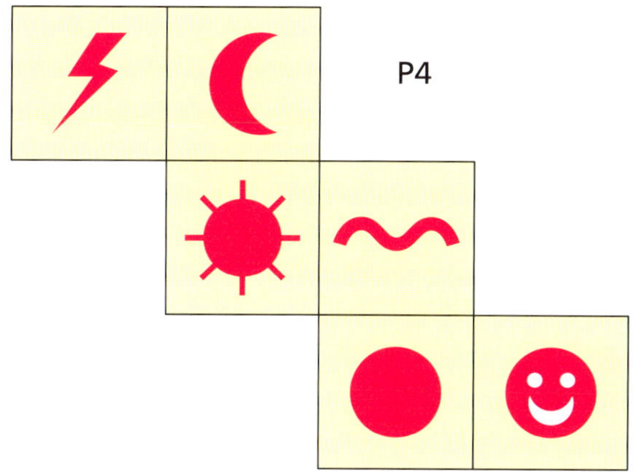

P4

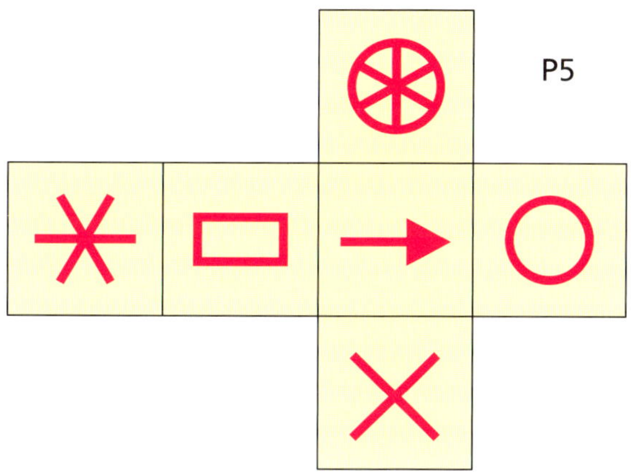

P5

Fiche 27

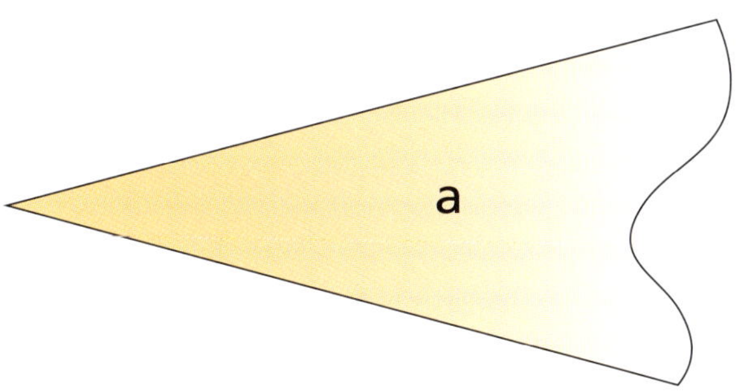

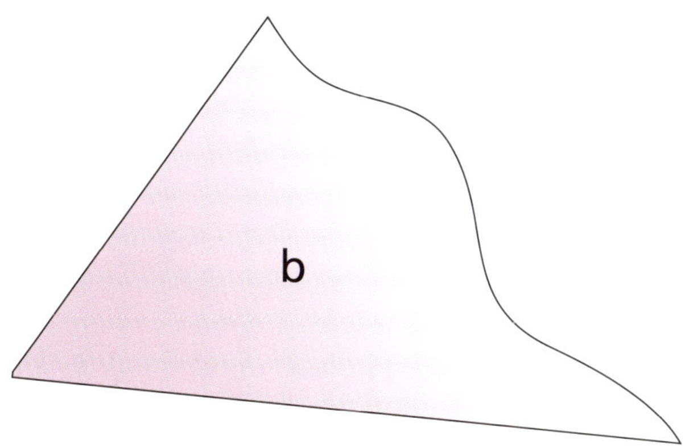

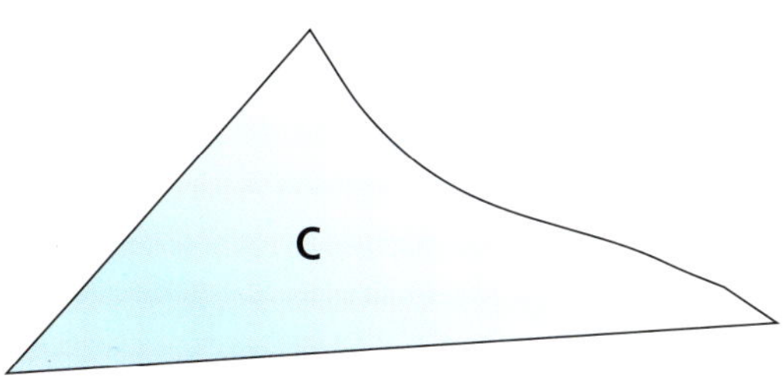

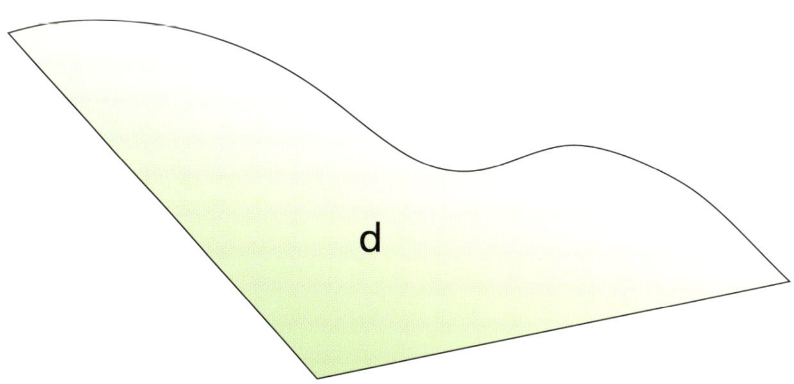

22 Calculer le périmètre d'un carré et celui d'un rectangle

Compétences : Calculer le périmètre d'un carré et celui d'un rectangle.

MATÉRIEL

Un crayon gris.
Une règle graduée.
Une équerre.

Date ....

Observe

Périmètre du carré :
P = c × 4

Périmètre du rectangle :
P = (L + l) × 2

1 **Mesure** la longueur d'un côté du carré A.
Calcule son périmètre.

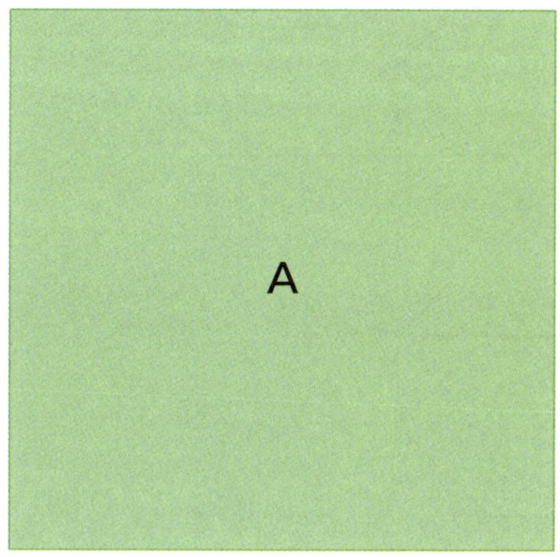

Longueur d'un côté : ....

Périmètre du carré A : ....

2 **Mesure** la longueur et la largeur du rectangle B. **Calcule** son périmètre.

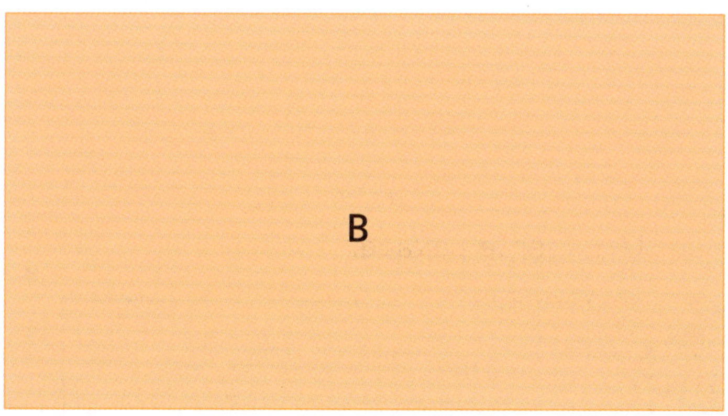

l = ... cm

L = ... cm

Périmètre du rectangle B : ....

3 **Trace** un carré C de même périmètre que le rectangle B.

23 Pavage

Compétence : Utiliser un gabarit pour paver une figure.

MATÉRIEL

Une paire de ciseaux.
Un crayon gris.
Les gabarits G1 et G2 de la **page Matériel A**.

Date ....

1 **Utilise** le gabarit G1 de la **page Matériel A** pour terminer le pavage. **Colorie**-le.

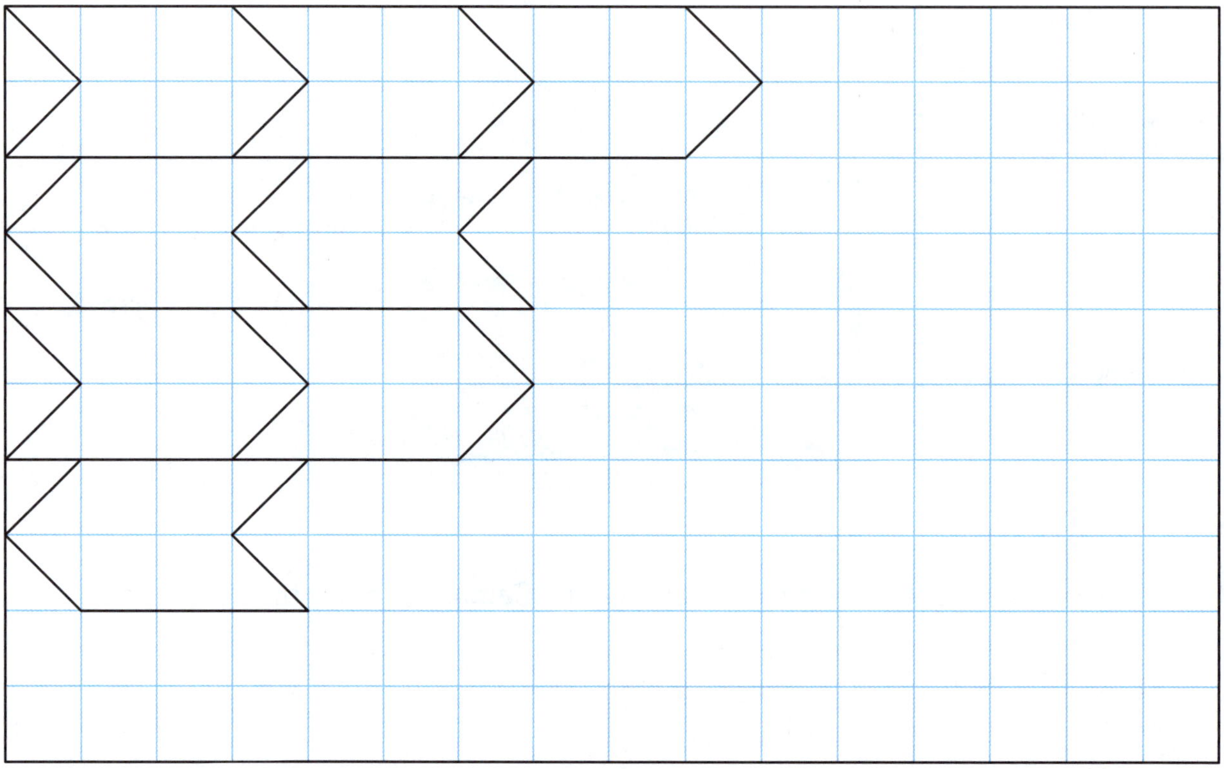

2 **Utilise** le gabarit G2 de la **page Matériel A** pour terminer le pavage.

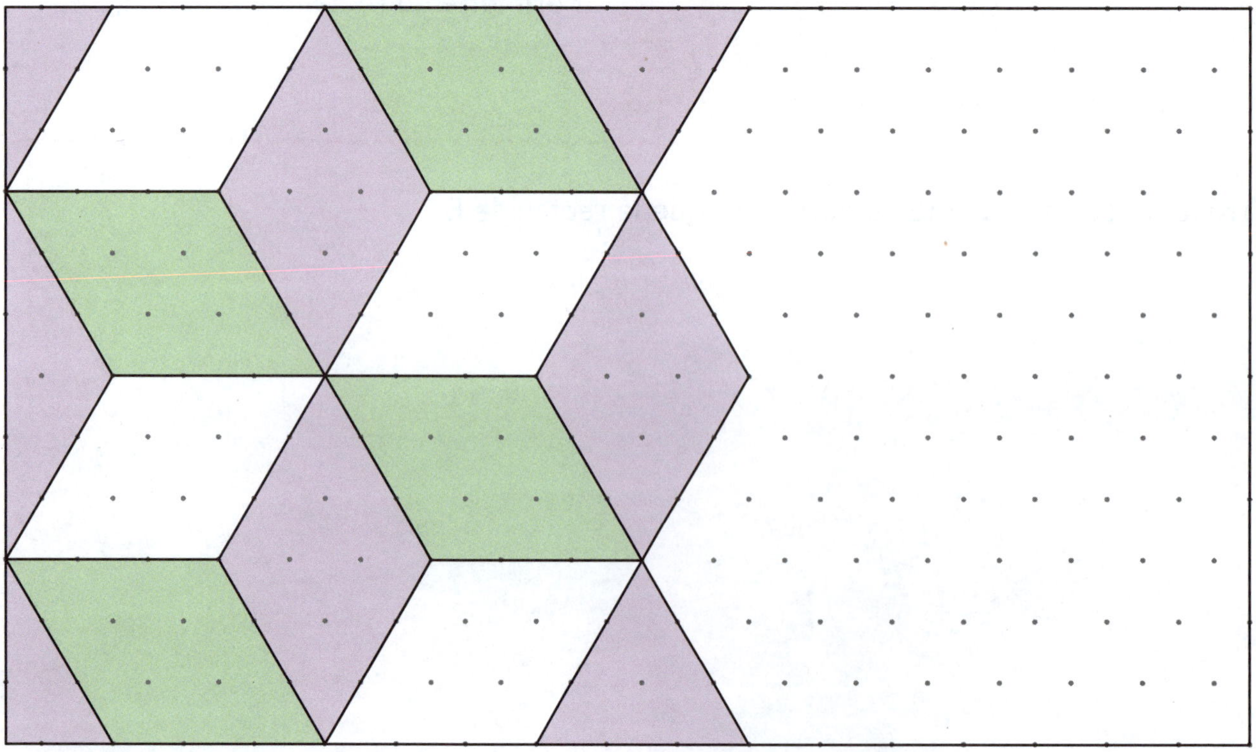

24 Mesurer une aire

Compétence : Utiliser un quadrillage pour mesurer des aires.

MATÉRIEL
Une règle.
Un crayon gris.

Date ....

Observe

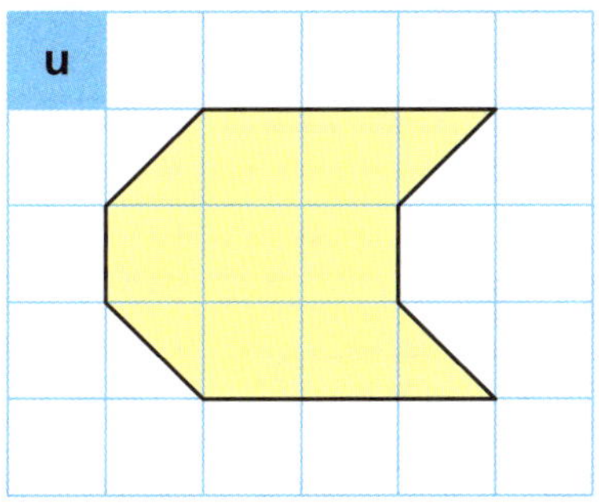

Deux demi-carreaux forment une unité.
L'aire de la figure jaune est égale à 9 u.

1 **Mesure** l'aire de la figure colorée.

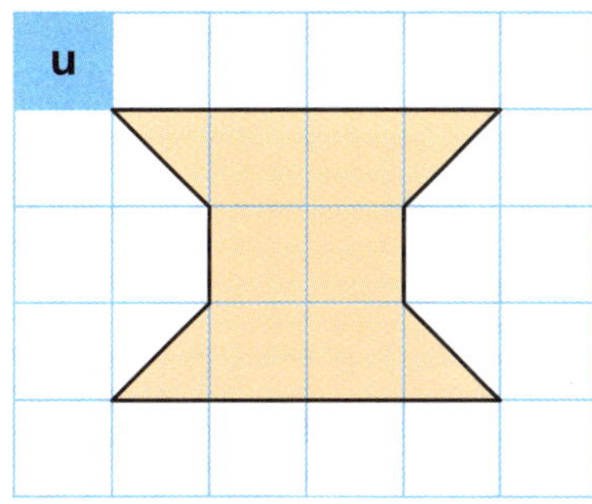

Aire de la figure colorée : .... u.

2 **Mesure** l'aire de la figure colorée.

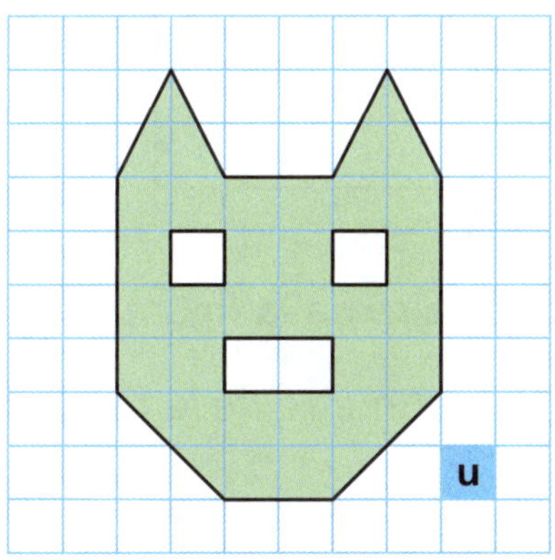

Aire de la figure colorée : .... u.

3 **Trace** un carré d'aire 25 u, un rectangle d'aire 24 u et un triangle rectangle d'aire 20 u.

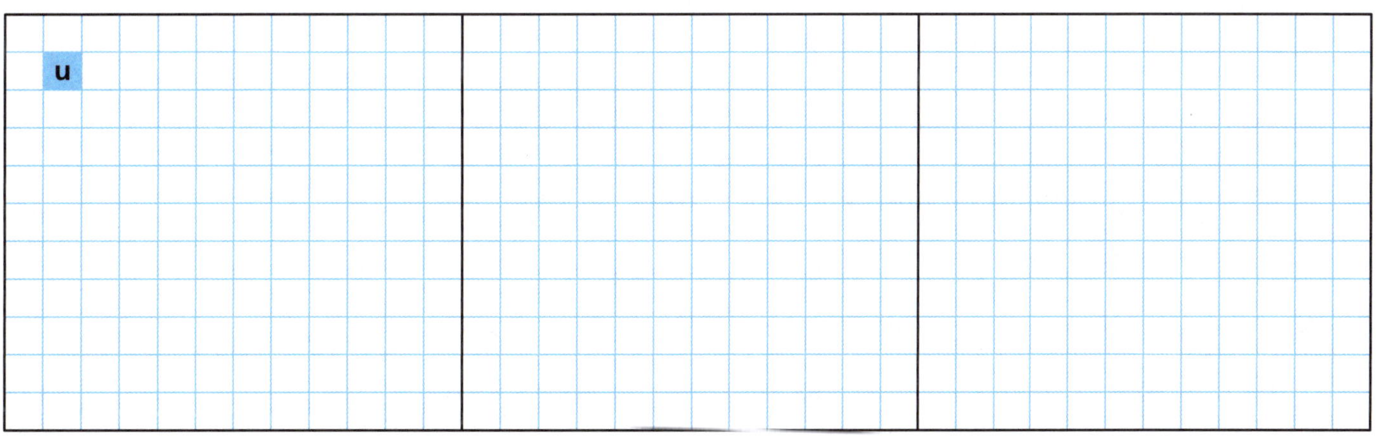

25 Aire et périmètre

Compétences : Comparer les aires de deux figures. Comparer leur périmètre.

Date ....

Observe

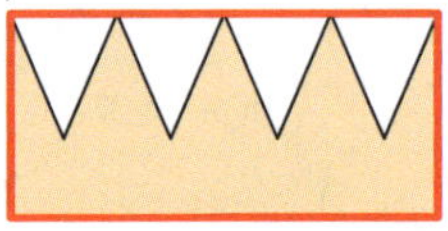

- L'aire de la couronne orange est plus petite que celle du rectangle rouge.
- Le périmètre de la couronne orange est plus grand que celui du rectangle rouge.

1 **Compare** l'aire et le périmètre des figures A et B.

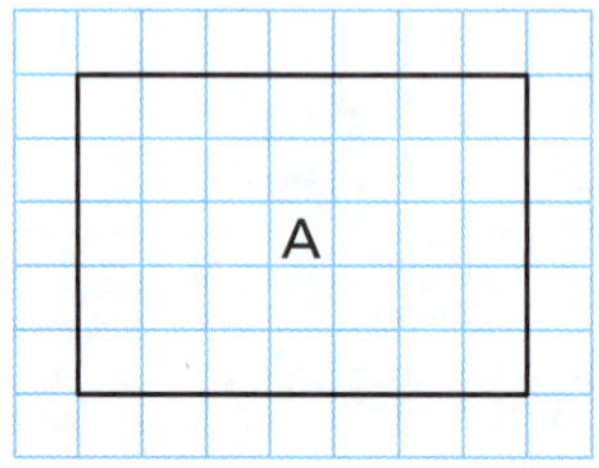

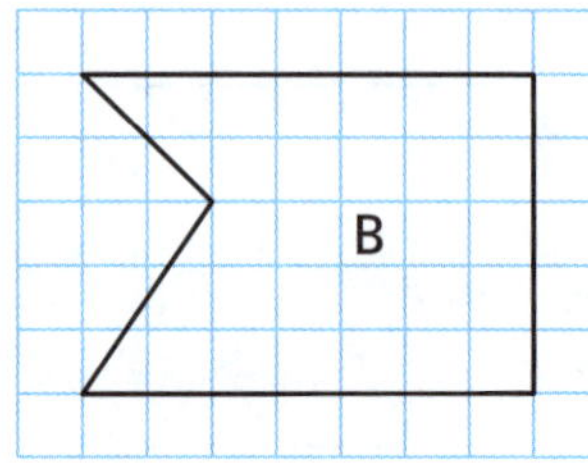

L'aire de la figure A est ....
que l'aire de la figure B.

Le périmètre de la figure A est ....
que le périmètre de la figure B.

2 **Compare** l'aire et le périmètre des figures C et D.

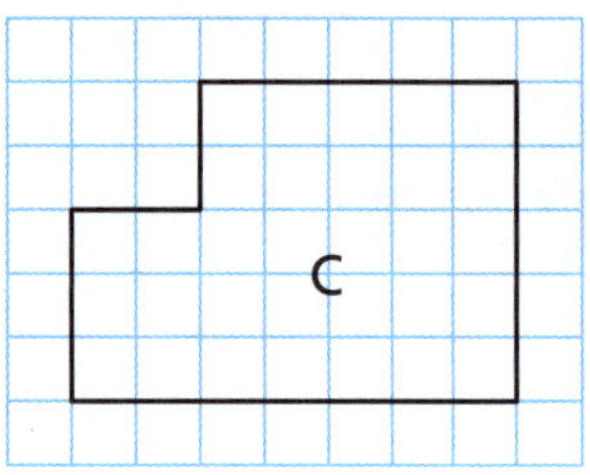

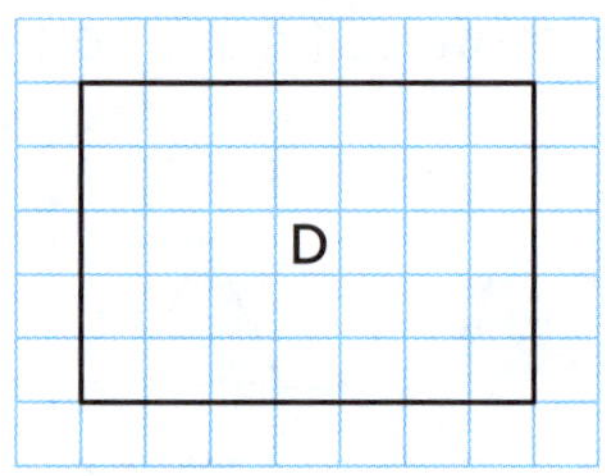

L'aire de la figure C est .... que l'aire de la figure D.

Le périmètre de la figure C est .... périmètre de la figure D.

3 Les trois figures E, F et G ont été obtenues en assemblant quatre triangles rectangles identiques au triangle T.

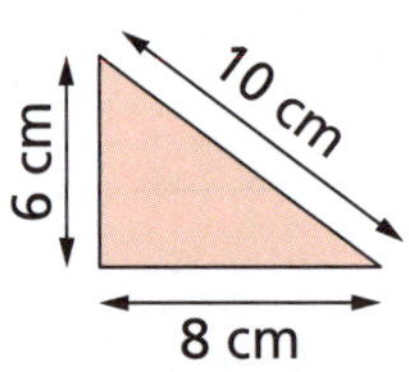

Triangle T

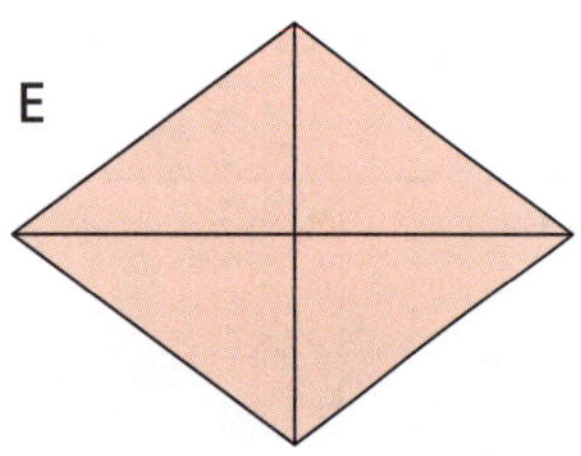

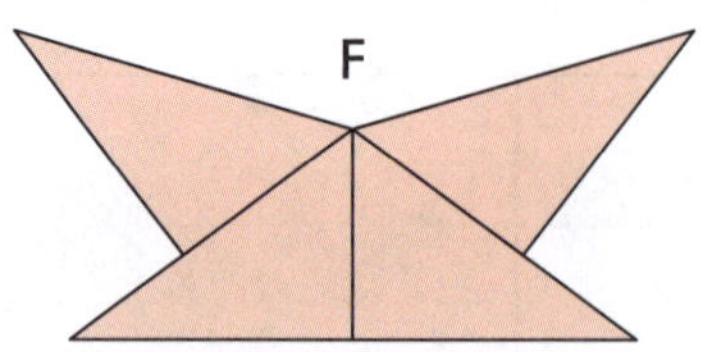

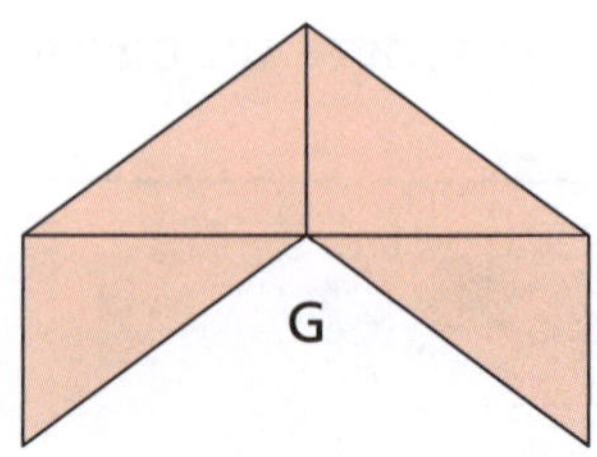

a. **Calcule** le périmètre de chacune de ces trois figures.

Périmètre de E = ... cm   Périmètre de F = ... cm   Périmètre de G = ... cm

b. **Compare** les aires de ces trois figures : ....

c. Des figures de même aire ont-elles toujours le même périmètre ? ....

26 Calculer l'aire d'un carré et celle d'un rectangle

Compétences : Calculer l'aire d'un carré et celle d'un rectangle en utilisant les formules appropriées.

MATÉRIEL

Une règle graduée.

Date ....

Observe

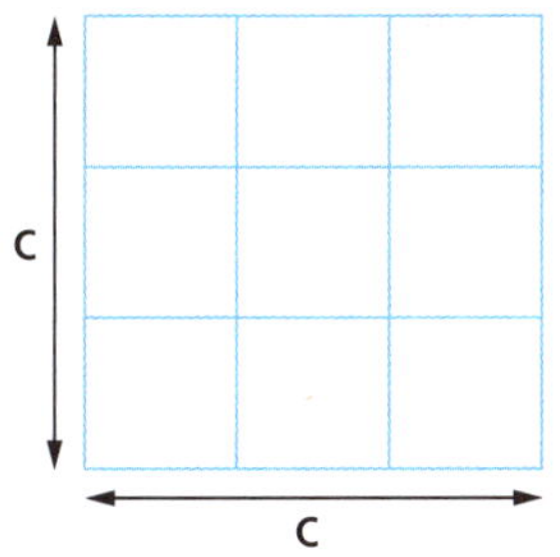

- Aire du carré = c × c
  Aire du carré = 3 cm × 3 cm
  = 9 cm^2

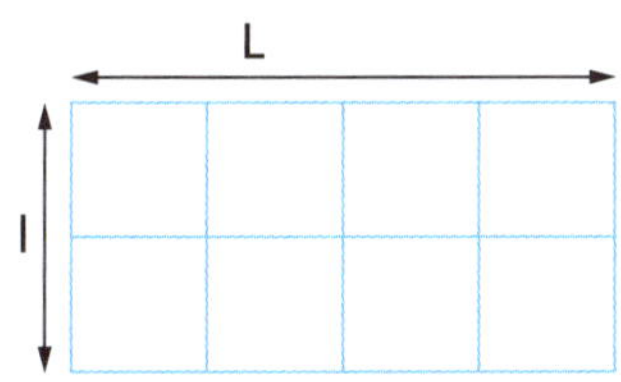

- Aire du rectangle = L × l
  Aire du rectangle = 4 cm × 2 cm
  = 8 cm^2

1 **Mesure** un côté du carré. **Calcule** l'aire de ce carré.

Aire du carré : .... = ... cm^2

2 **Mesure** les longueurs des côtés de ce rectangle.
Calcule son aire.

Longueur : .... largeur : ....

Aire du rectangle : ....

3 **Calcule** l'aire de la partie jaune.

....

....

....

....

....

....

....

27 Utiliser des gabarits d'angles

Compétences : Comparer et tracer des angles à l'aide de gabarits.

MATÉRIEL

Un crayon gris.
Gabarits d'angles
de la **page Matériel B**.

Date ....

Observe

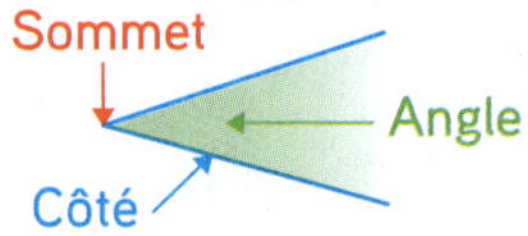

Reporter un angle.

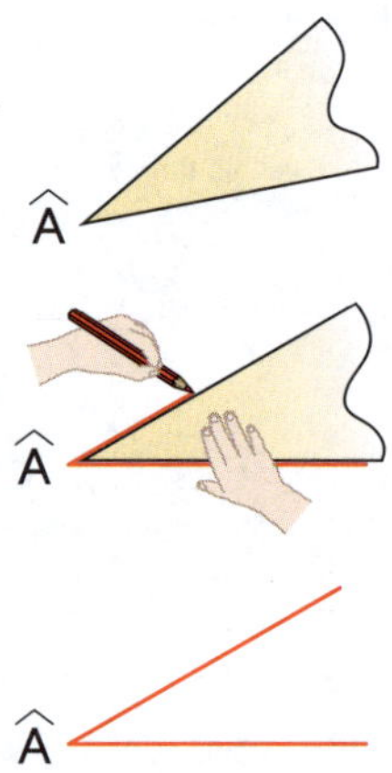

1 **Découpe** les gabarits d'angles de la **page Matériel B**.
Pour chaque angle, **écris** près du sommet la lettre du gabarit correspondant.

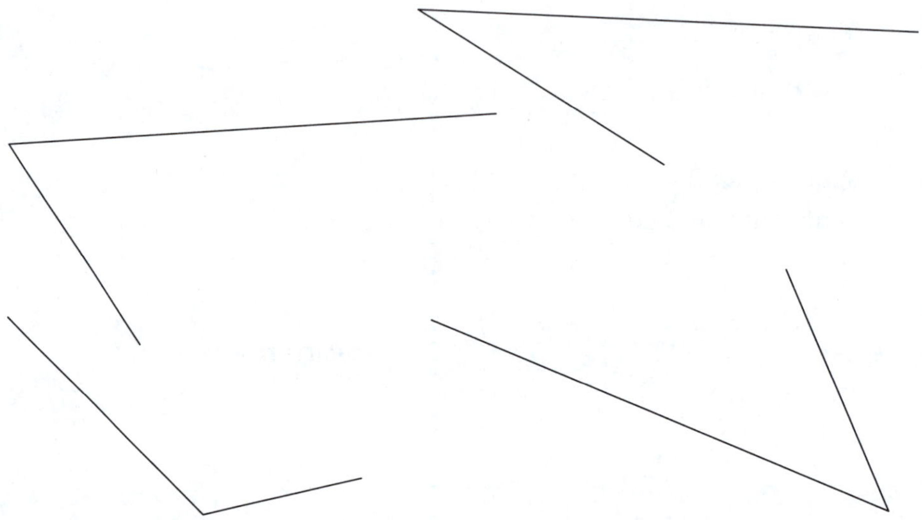

2 **Trace** l'angle de sommet A qui correspond au gabarit **a**.
Trace l'angle de sommet B qui correspond au gabarit **b**.

3 **Trace** un angle de sommet C qui correspond au gabarit **c**.

28 Fractions (1)

Compétences : Nommer les fractions simples. Utiliser ces fractions dans des situations de partage ou de codage.

MATÉRIEL

Des crayons de couleur.

Date ....

Observe

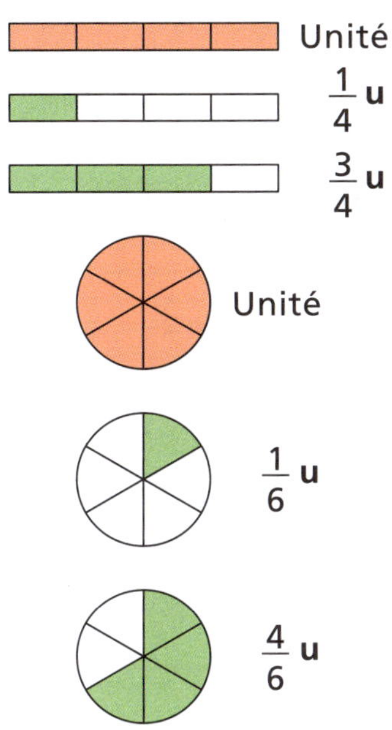

1 **Écris** les fractions correspondant aux parties coloriées.

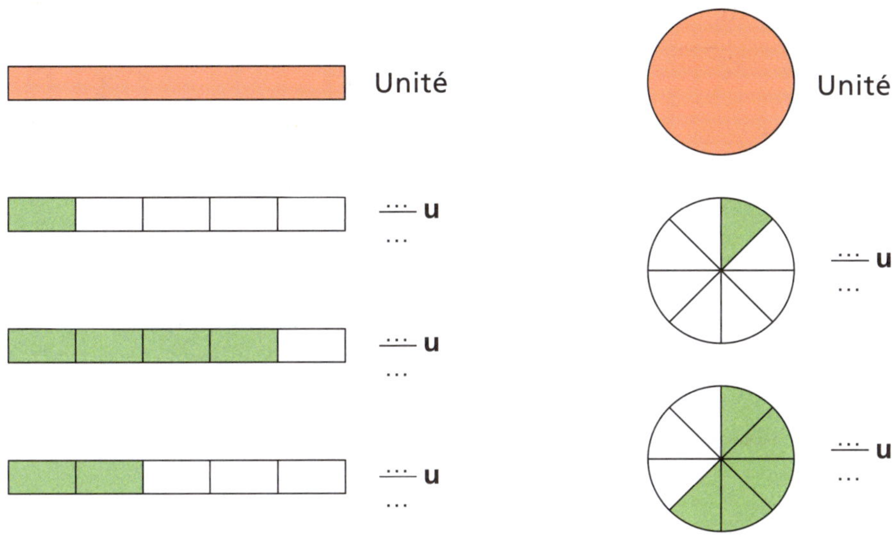

2 **Colorie** les parties correspondant à la fraction donnée.

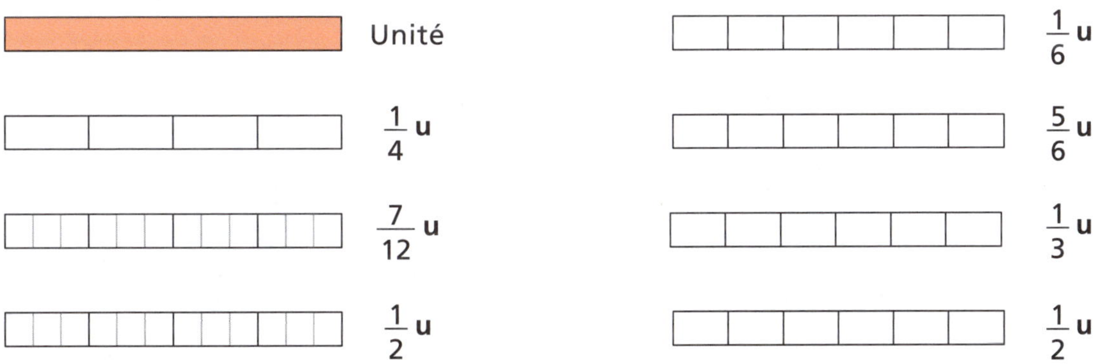

3 **Observe** l'exemple, puis **colorie** la hauteur d'eau correspondant à la fraction donnée.

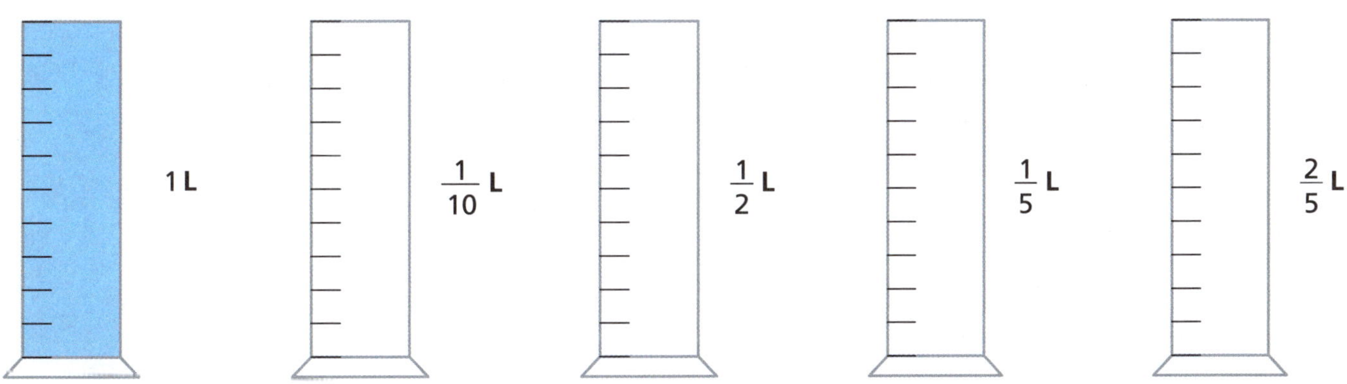

29 Fractions (2)

Compétence : Reconnaître et utiliser des fractions inférieures ou supérieures à l'unité.

MATÉRIEL

Des crayons de couleur.

Date ....

Observe

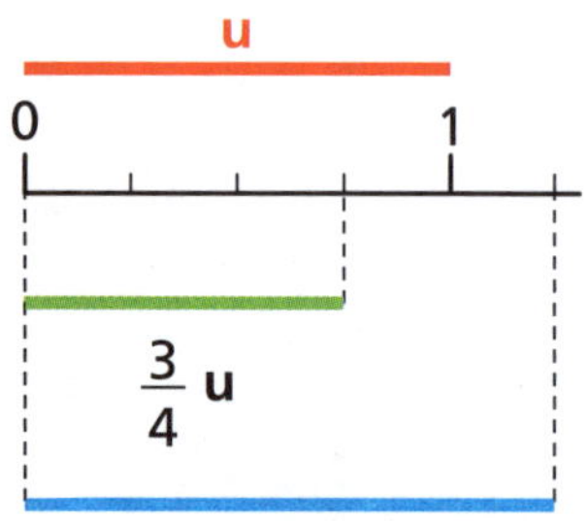

$\frac{3}{4}$ u

$\frac{5}{4}$ u = 1 u + $\frac{1}{4}$ u

1 u

$\frac{1}{4}$ u

$\frac{6}{4}$ u = 1 u + $\frac{2}{4}$ u

1 **Écris** les fractions correspondant aux segments **verts** et **bleus**.

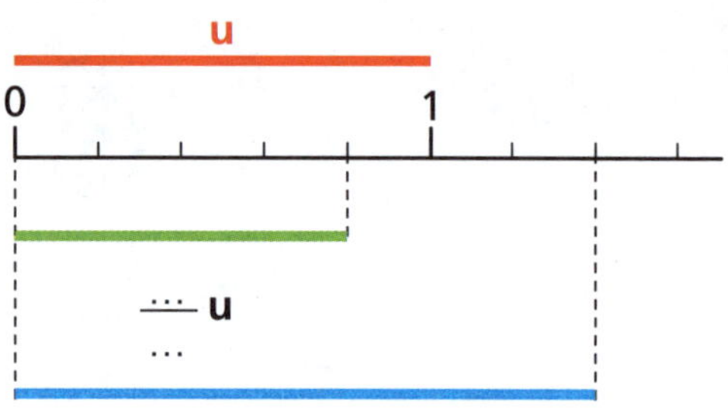

$\frac{...}{...}$ u

$\frac{...}{...}$ u ou 1 u + $\frac{...}{...}$ u

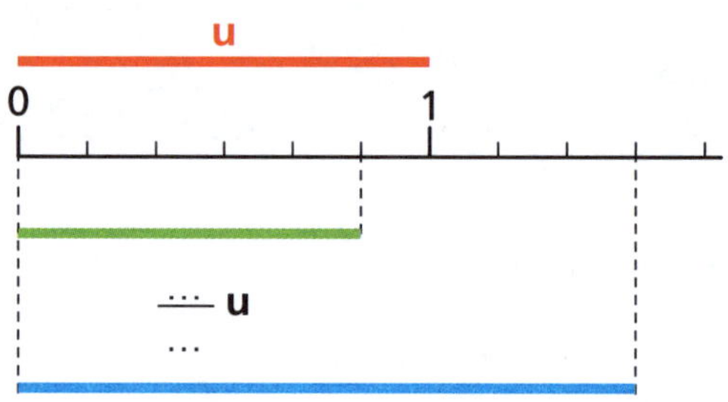

$\frac{...}{...}$ u

$\frac{...}{...}$ u ou 1 u + $\frac{...}{...}$ u

2 **Écris** les fractions correspondant aux aires colorées.

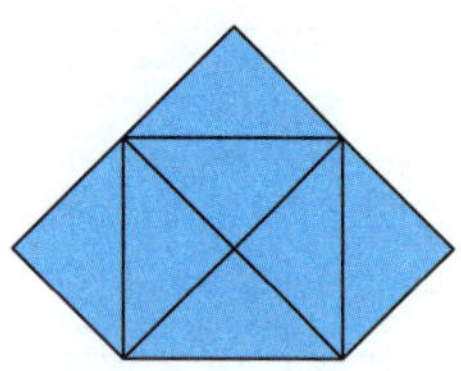

$\frac{...}{4}$ u = 1 u + $\frac{...}{...}$ u

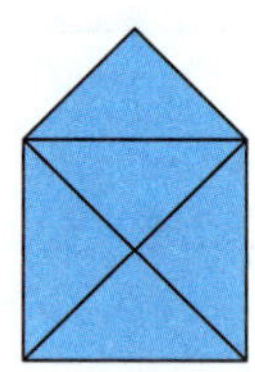

$\frac{...}{4}$ u = 1 u + $\frac{...}{...}$ u

3 **Trace** des segments de la longueur des fractions données sur les lignes en pointillé.

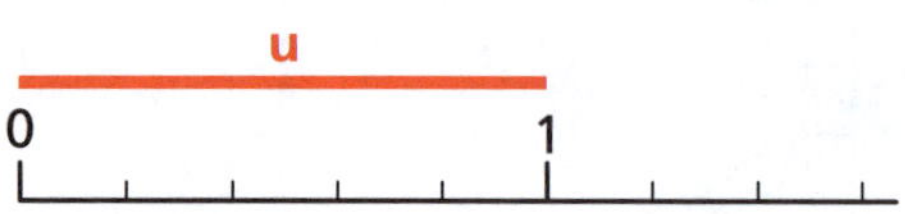

-- $\frac{6}{5}$ u

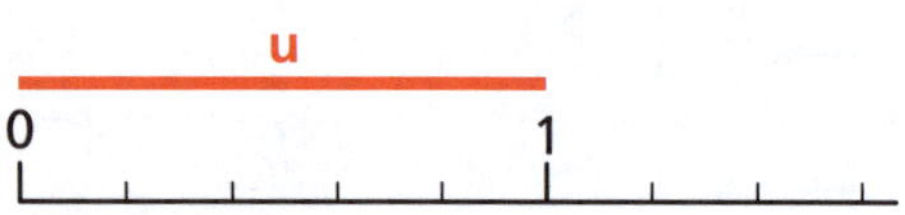

-- 1 u + $\frac{2}{5}$ u

4 **Colorie** une figure ayant une aire égale à $\frac{6}{4}$ u.

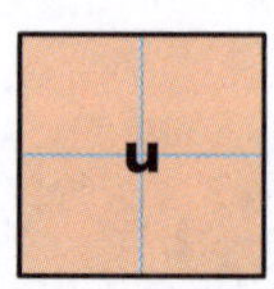

30 Fractions (3)

Compétence : Exprimer une durée par une fraction d'heure.

MATÉRIEL

Des crayons de couleur.

Date ....

Observe

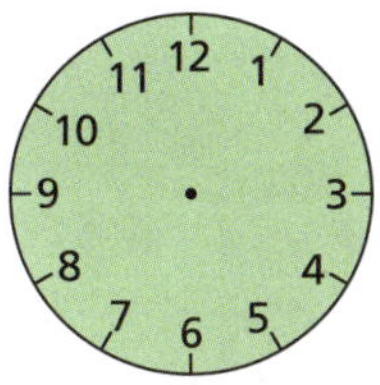

1 h = 60 min

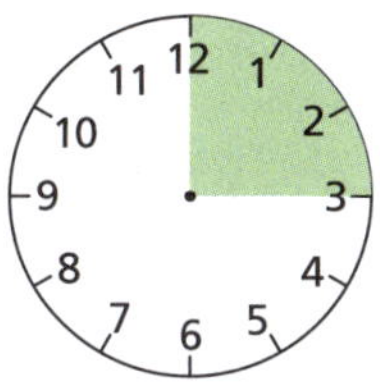

$\frac{1}{4}$ h = $\frac{1}{4}$ de 60 min = 15 min

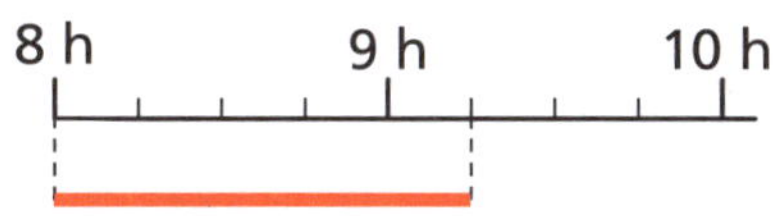

$\frac{5}{4}$ h ou 1 h $\frac{1}{4}$

1 Quelle fraction d'heure représente chaque secteur coloré ?

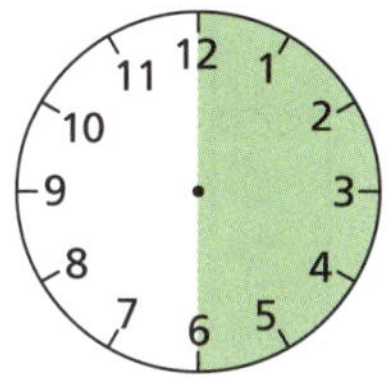 $\frac{\dots}{\dots}$

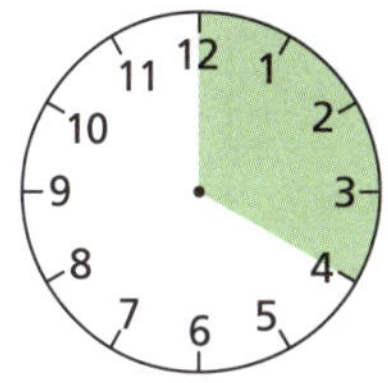 $\frac{\dots}{\dots}$

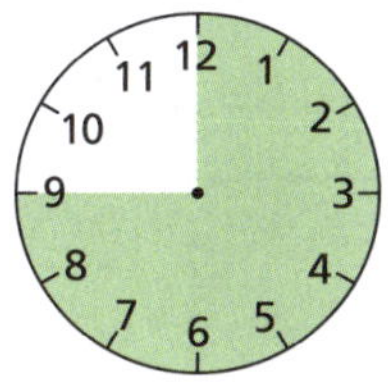 $\frac{\dots}{\dots}$

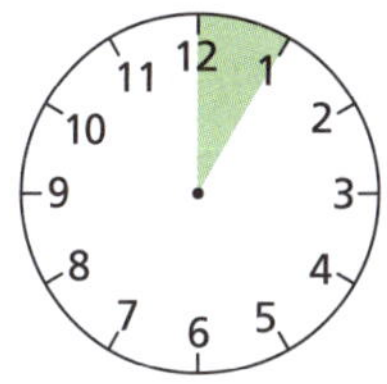 $\frac{\dots}{\dots}$

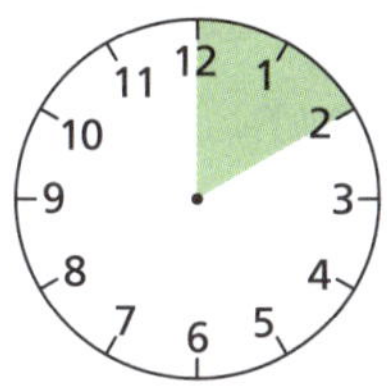 $\frac{\dots}{\dots}$

 $\frac{\dots}{\dots}$

2 **Trace**, puis **colorie** les secteurs correspondant aux fractions. **Complète** les égalités.

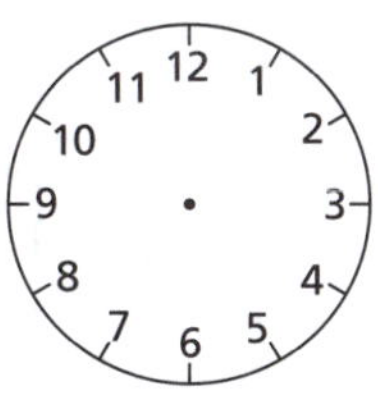 $\frac{1}{6}$

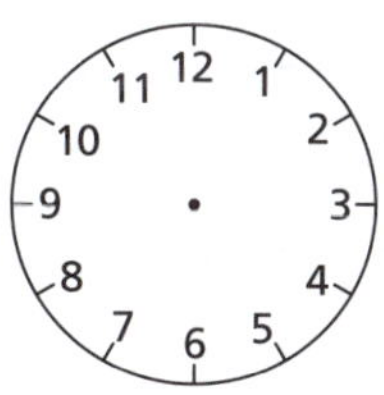 $\frac{5}{12}$

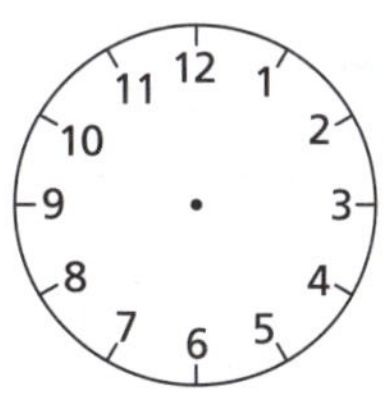 $\frac{2}{3}$

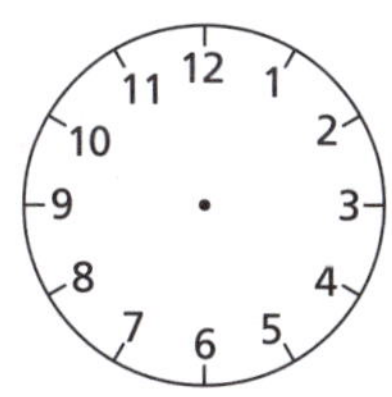 $\frac{2}{4}$

$\frac{1}{6}$ h = ... min

$\frac{5}{12}$ h = ... min

$\frac{2}{3}$ h = ... min

$\frac{2}{4}$ h = ... min

3 Pour aller chez sa grand-mère, Adrien a marché $\frac{1}{2}$ h pour aller à la gare.

Le trajet en train a duré $\frac{3}{4}$ h.

Il a ensuite marché encore $\frac{1}{4}$ h.

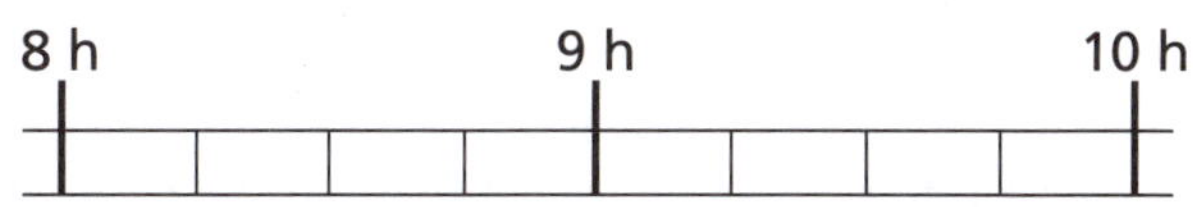

Il était parti à 8 h 15. À quelle heure est-il arrivé ? ....

Colorie en rouge la durée de sa marche à pied.

31 Fractions décimales (1)

MATÉRIEL

Des crayons de couleur.

Compétences : Nommer et utiliser les fractions décimales. Écrire une fraction décimale sous forme de somme d'un nombre entier et d'une fraction inférieure à 1.

Date ....

Observe

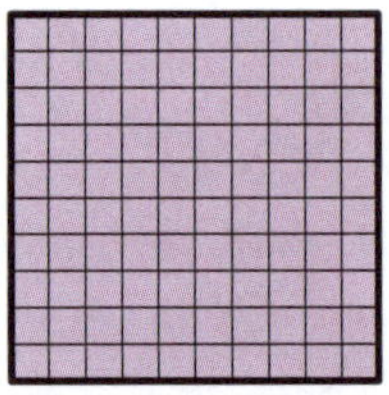

$1 = \frac{10}{10} = \frac{100}{100}$

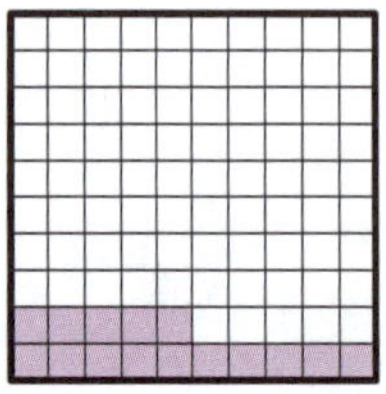

$\frac{1}{10} + \frac{5}{100} = \frac{15}{100}$

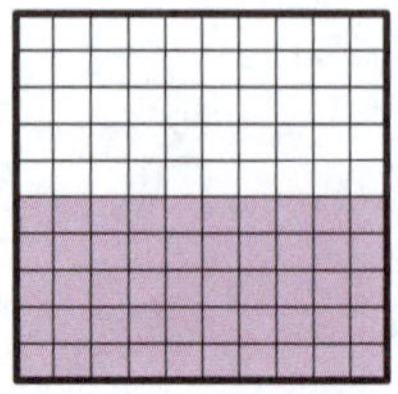

$\frac{50}{100} = \frac{5}{10} = \frac{1}{2}$

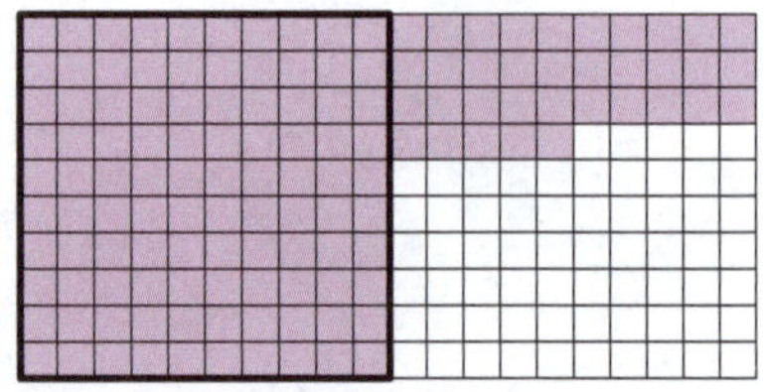

$1 + \frac{35}{100} = \frac{135}{100}$

1 **Écris** la fraction correspondant à la partie colorée. Si tu peux, **écris** une seconde fraction.

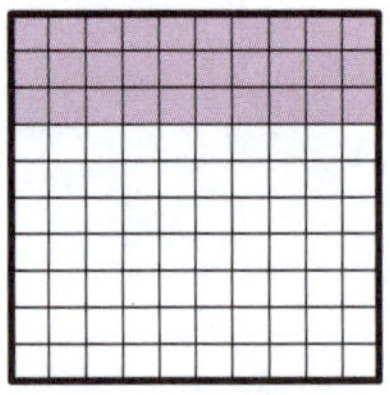

$\frac{.....}{.....}$ $\frac{.....}{.....}$

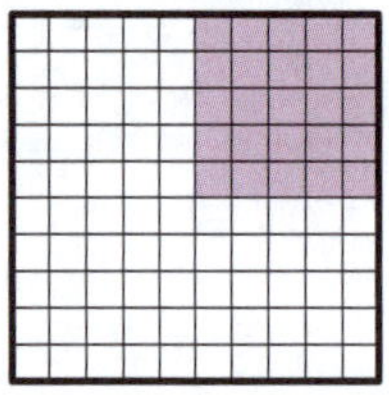

$\frac{.....}{.....}$ $\frac{.....}{.....}$

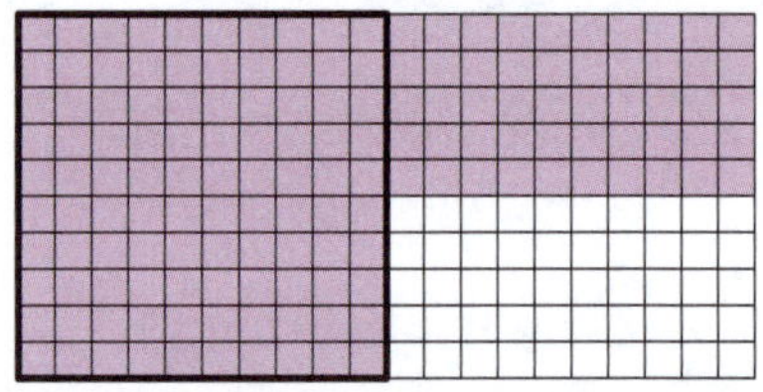

$\frac{.....}{.....}$ $\frac{.....}{.....}$

2 **Colorie** l'aire correspondant à la fraction.

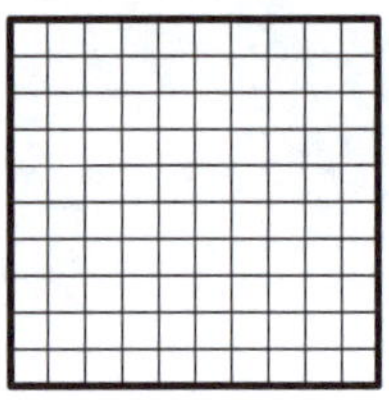

$\frac{4}{10}$

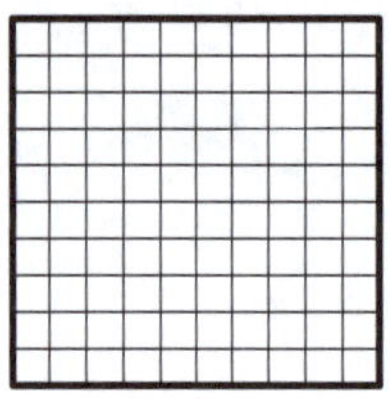

$\frac{60}{100}$

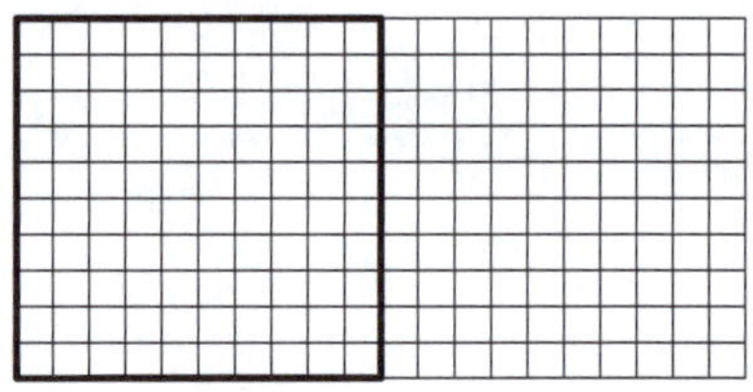

$\frac{13}{10}$

3 **Complète.**

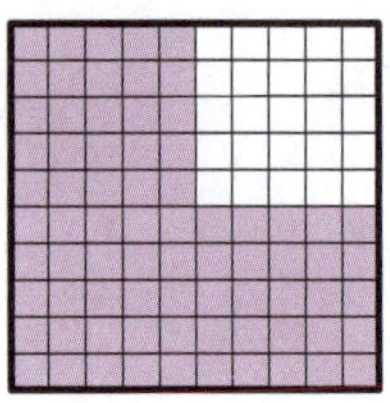

$\frac{1}{2} + \frac{.....}{100} = \frac{.....}{100}$

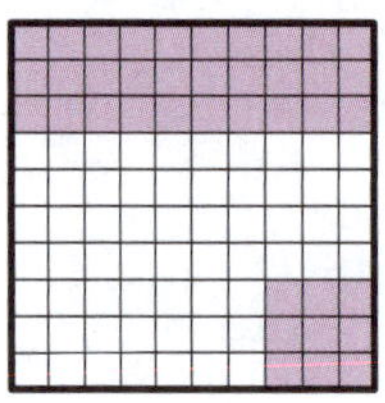

$\frac{.....}{10} + \frac{.....}{100} = \frac{.....}{100}$

4 **Colorie** et **complète.**

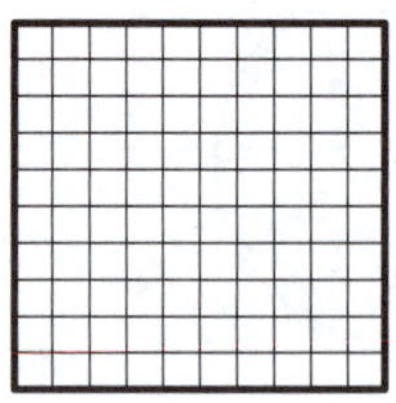

$\frac{2}{10} + \frac{4}{100} = \frac{.....}{.....}$

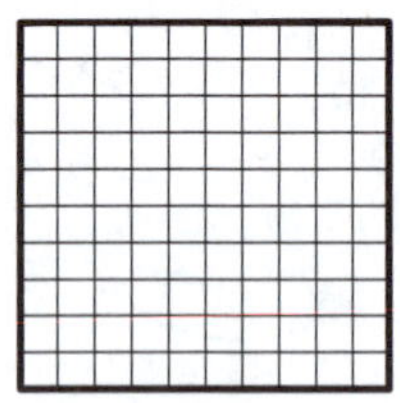

$\frac{4}{10} + \frac{25}{100} = \frac{.....}{.....}$

5 **Relie** les fractions aux graduations correspondantes ou **complète.**

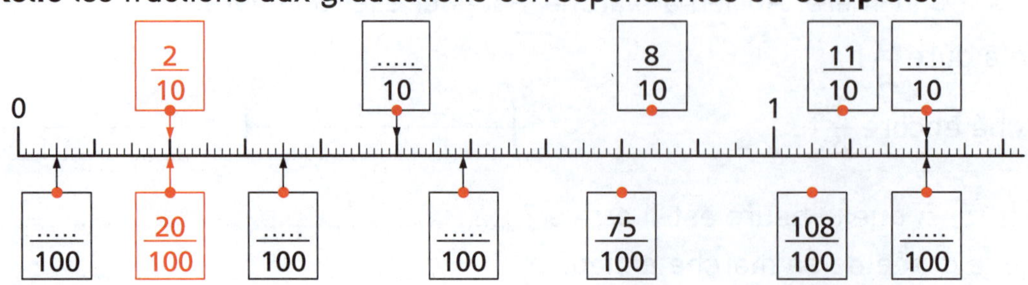

$\frac{2}{10} = \frac{.....}{100}$

$\frac{60}{100} = \frac{.....}{10}$

$\frac{11}{10} = \frac{.....}{100}$

32 Fractions décimales (2)

Compétence : Passer d'une écriture fractionnaire à une écriture à virgule.

Date ....

Observe

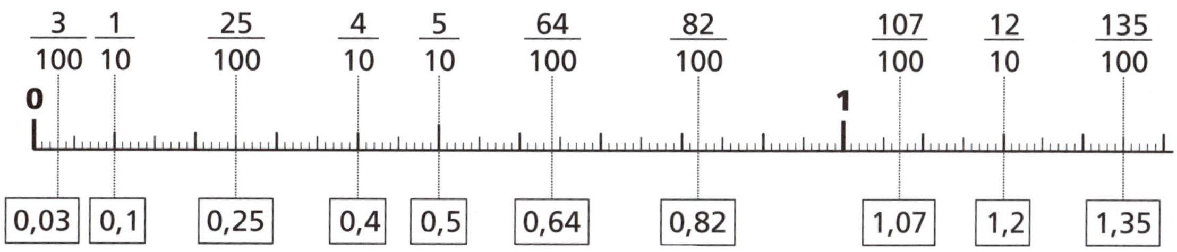

1 **Aide**-toi de la droite graduée pour **compléter** par un nombre à virgule.

$\frac{2}{10}$ = **0,2** $\frac{14}{10}$ = ... $\frac{9}{10}$ = ... $\frac{13}{10}$ = ... $\frac{10}{10}$ = ...

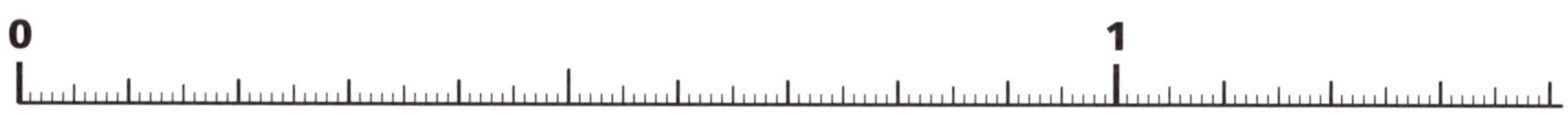

2 **Aide**-toi de la droite graduée pour **compléter** par un nombre à virgule.

$\frac{2}{100}$ = ... $\frac{14}{100}$ = ... $\frac{92}{100}$ = ... $\frac{105}{100}$ = ... $\frac{132}{100}$ = ...

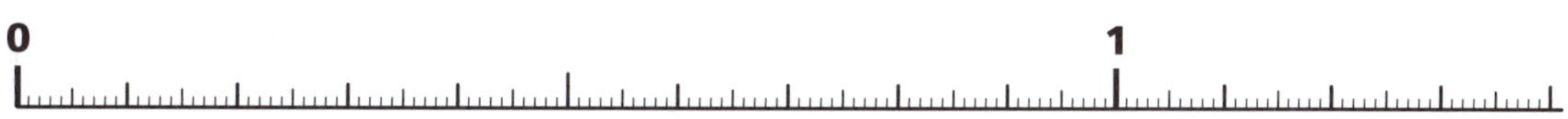

3 **Complète** par une fraction décimale.

0,7 = $\frac{.....}{.....}$ 0,25 = $\frac{.....}{.....}$ 0,05 = $\frac{.....}{.....}$ 1,02 = $\frac{.....}{.....}$ 1,38 = $\frac{.....}{.....}$

4 **Écris** les nombres à virgule et les fractions dans les cases reliées à la droite graduée.

33 Nombres décimaux (1)

Compétence : Passer de l'écriture fractionnaire à l'écriture décimale et réciproquement.

MATÉRIEL

Un crayon.
Un crayon bleu et un crayon rouge.

Date ....

Observe

$345 = 300 + 40 + 5$

$\frac{345}{100} = \frac{300}{100} + \frac{40}{100} + \frac{5}{100}$

$\frac{345}{100} = 3 + \frac{4}{10} + \frac{5}{100}$

$\frac{345}{100} = 3,45$

$52 = 50 + 2$

$\frac{52}{100} = \frac{50}{100} + \frac{2}{100}$

$\frac{52}{100} = \frac{5}{10} + \frac{2}{100}$

$\frac{52}{100} = 0,52$

1 Observe l'exemple, puis **complète**.

Fractions	Partie entière				Partie décimale			Nombre décimal
	milliers	centaines	dizaines	unités	dixièmes	centièmes	millièmes	
$\frac{125}{100}$				1	2	5		1,25
$\frac{4}{10}$								
$\frac{265}{10}$								
								3,2
$\frac{5}{100}$								
								0,08
$\frac{485}{10}$								

2 Écris ces nombres en chiffres.

sept dixièmes : ....

cinq cents unités huit dixièmes : ....

trois unités cinq centièmes : ....

quarante-huit centièmes : ....

dix unités treize centièmes : ....

huit unités deux centièmes : ....

3 Entoure en **rouge** le chiffre des centaines, en **bleu** celui des dixièmes des nombres suivants.

7308,52 256,82

0,86

103,5 53,250

34 Nombres décimaux (2)

Compétences : Placer des nombres décimaux sur une droite graduée en dixièmes.
Comparer des nombres décimaux.

Date ....

Observe

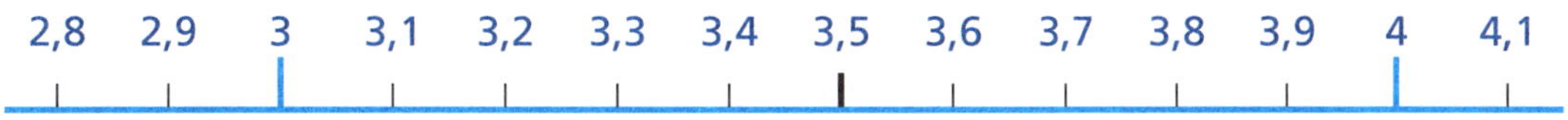

2,8 est avant 3 — 3,7 est après 3,4 — 3,8 est entre 3,5 et 4

1 **Relie** les nombres à leur place sur la droite graduée.

7,6 — 8,3 — 9,1 — 8,6 — 9,9 — 10,8 — 10,1

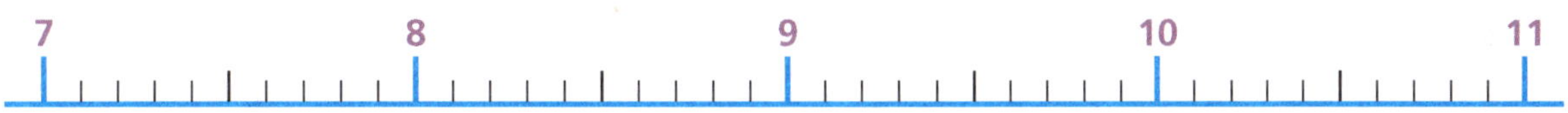

2 **Réponds** par **V** (vrai) ou **F** (faux).

7,8 est compris entre 7 et 8. ☐

8,9 est compris entre 8 et 9. ☐

10,1 est compris entre 9 et 10. ☐

10,6 est compris entre 10 et 11. ☐

3 **Observe** la droite graduée. **Écris** le nombre décimal qui convient dans chaque étiquette.

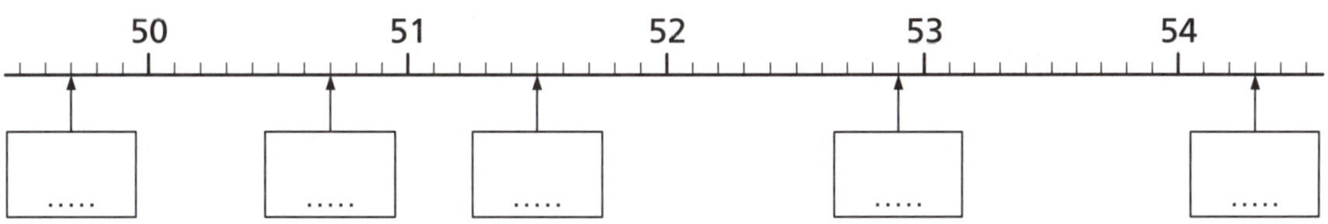

4 **Réponds** par **V** (vrai) ou **F** (faux).

26,3 est plus proche de 26 que de 27. ☐

30,8 est plus proche de 30 que de 31. ☐

18,2 est plus proche de 18 que de 19. ☐

0,4 est plus proche de 0 que de 1. ☐

9,7 est plus proche de 9 que de 10. ☐

26,5 est aussi proche de 26 que de 27. ☐

35 Nombres décimaux (3)

Compétences : Placer des nombres décimaux sur une droite graduée en centièmes.
Comparer des nombres décimaux.

Date ....

Observe

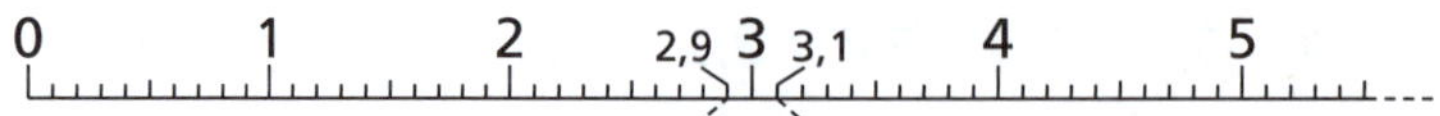

2,99 est avant 3
2,99 < 3

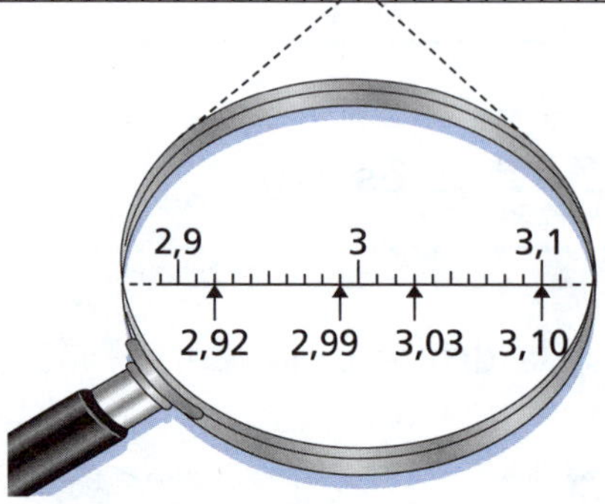

2,92 est après 2,9
2,92 > 2,9
2,9 = 2,90

1 **Observe** la droite graduée et **places**-y les nombres : ~~4,85~~ 5,32 4,58 5,05 4,73 5,34 5,1

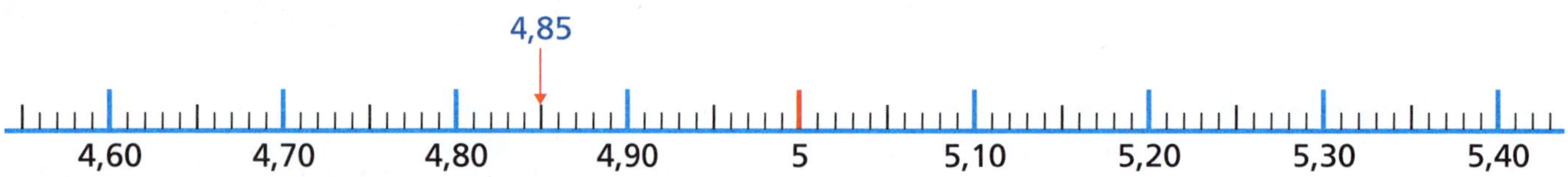

2 **Observe** la droite graduée et **écris** le nombre décimal qui convient dans chaque étiquette.

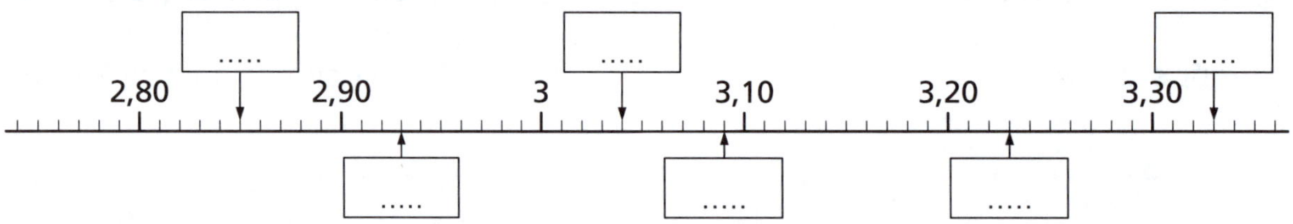

3 **Écris** le nombre décimal qui convient dans chaque étiquette.

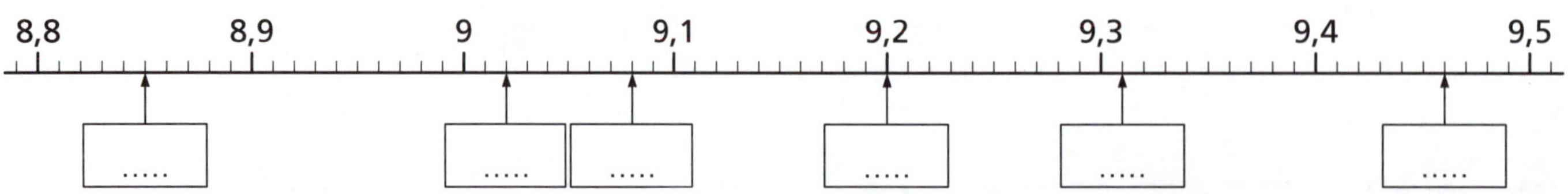

4 **Complète** avec les signes <, > ou =.

0,89 0,9	9,87 10	4,2 4,15
6,70 6,7	18,75 20	16,45 16,5
10,28 10,5	32,80 32,8	8,64 8,8

36 Nombres décimaux (4)

Compétences : Comparer, ordonner des nombres décimaux.

Date ....

Observe

Parties entières différentes

128,95 129,4

128 < 129

128,95 < 129,4

Parties entières égales

350,85 350,80

$\frac{85}{100} > \frac{80}{100}$

350,85 > 350,8

1 **Entoure** le plus petit des deux nombres de chaque ligne.

303,95	304,45
728,2	472,82
150,65	150,7
0,806	0,087

2 **Observe** l'exemple et **complète**.

Nombre donné	Nombre de centièmes	Nombre de millièmes
1,328	132	1 328
0,75	....	....
....	....	2 604
....	435	....
13,004	....	....

3 **Complète** chaque ligne en utilisant une fois et une seule chacun des nombres ci-dessous :

8,4 51,7 39,03 9,18 51,07 61,2

8,39 < ....
51,70 = ...

60,2 < ....
39,05 > ....

9,81 > ....
51,70 > ....

4 **Range** ces nombres décimaux par ordre croissant.

4,5 0,96 1,37 7,1 5,24

...... < ....

2,05 1,4 0,97 1,08 1,32

...... < ....

5 **Range** ces nombres par ordre décroissant.

47,26 60 39,2 7,98 9,96

...... > ....

0,46 1 0,9 1,2 0,81

...... > ....

37 Nombres décimaux (5)

Compétence : Intercaler des nombres décimaux entre des nombres entiers ou des nombres décimaux.

Date ……………………………………………………………………

Observe

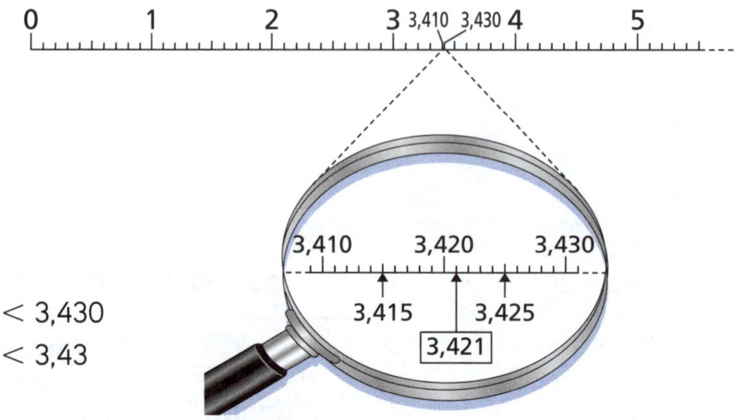

$3{,}420 < 3{,}421 < 3{,}430$

$3{,}42 < 3{,}421 < 3{,}43$

1 **Observe** la droite numérique et **écris** le nombre décimal qui convient dans chaque étiquette.

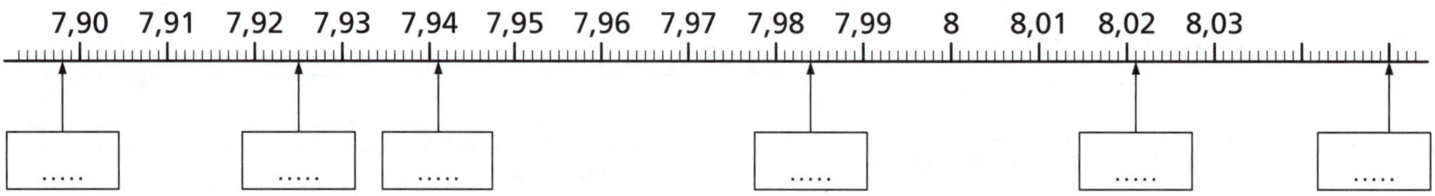

Complète les encadrements au centième près.

………. < 7,925 < ……….	………. < 7,990 < ……….	………. < 8,027 < ……….
………. < 7,941 < ……….	………. < 8,201 < ……….	………. < 7,976 < ……….

2 **Réponds** par **V** (vrai) ou par **F** (faux).

5,3 est compris entre 5,4 et 5,5.	☐	5,32 est compris entre 5 et 6.	☐
5,7 est compris entre 5,4 et 5,5.	☐	5,75 est compris entre 5,7 et 5,8.	☐
5,49 est compris entre 5,4 et 5,5.	☐	3 est compris entre 2,95 et 3,4.	☐

3 **Complète.**

17,3 < …………… < 18,0	42 < …………… < …………… < 43,00
4,12 < …………… < 4,20	8,5 < …………… < …………… < 9,00
5,23 < …………… < 5,24	0,3 < …………… < …………… < 0,41

38 Ordre de grandeur : arrondir un nombre

Compétence : Arrondir au nombre le plus proche.

Date ....

Observe

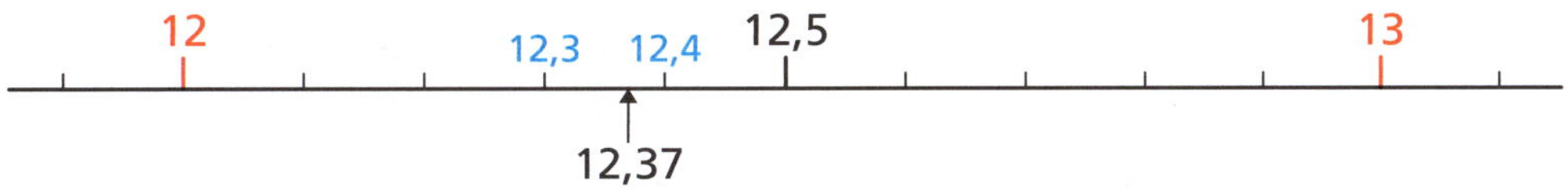

12,37 est plus proche de **12** que de **13**.

12 est l'arrondi de 12,37 au nombre entier le plus proche.

12,37 est plus proche de **12,4** que de **12,3**.

12,4 est l'arrondi de 12,37 au dixième le plus proche.

1 **Encadre** chaque nombre entre deux entiers consécutifs. **Entoure** le plus proche.

.... < 6,4 <	.... < 19,2 <	.... < 0,20 < ....
.... < 7,09 <	.... < 15,76 <	.... < 99,29 < ....

2 **Arrondis** au nombre entier le plus proche.

3,45 →	25,87 →	103,39 → ....
9,602 →	36,399 →	699,7 → ....

3 **Arrondis** au dixième le plus proche selon l'exemple.

2,28 → **2,3**	4,73 →	24,08 → ....
4,618 →	15,19 →	80,97 → ....

4 **Arrondis**, **calcule** mentalement et **entoure** la réponse la plus proche.

3,187 × 8	20	25	35	5,876 × 20	100	120	150
8,91 × 5,04	40	45	55	7,95 + 6,09 + 12,16	20	26	30

39 Approche de la proportionnalité

Compétence : Placer un nombre sur une droite partiellement graduée.

MATÉRIEL

Un crayon gris.
Un crayon rouge.
Un crayon vert.
Une règle graduée.

Date ....

Observe

Graduations

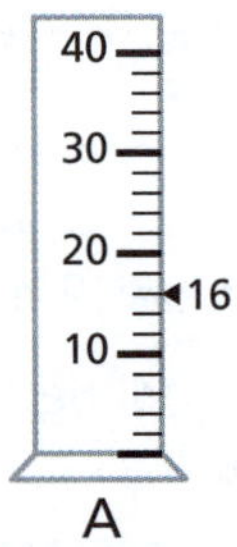

L'éprouvette A est graduée de 2 en 2.

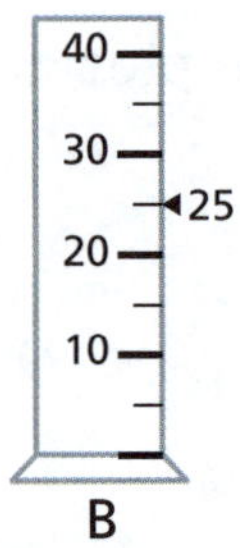

L'éprouvette B est graduée de 5 en 5.

1 Sur les deux premières éprouvettes, **trace** un trait rouge à la valeur 24, un trait vert à la valeur 35.
Sur la troisième éprouvette, **trace** un trait rouge à la valeur 150, un trait vert à la valeur 325.

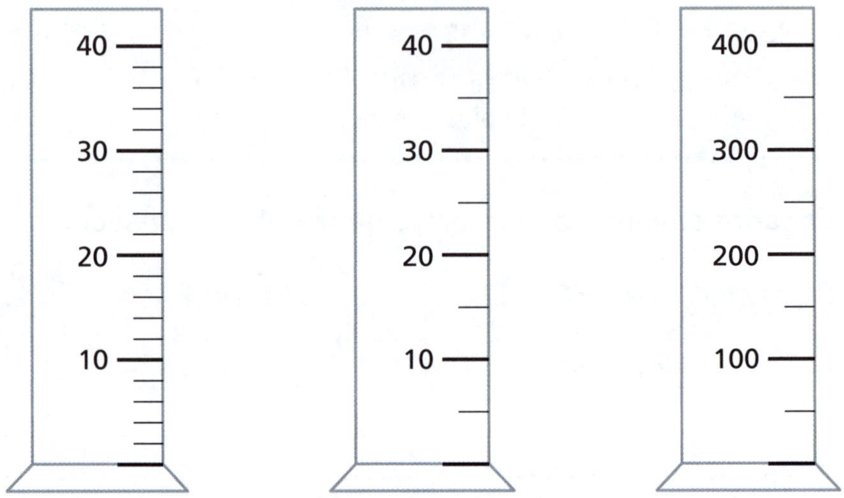

2 **Place** les nombres 3 500, 4 000 et 5 000 sur cette graduation régulière incomplète.

3 **Gradue** cette droite de 100 en 100, jusqu'à 1 500. **Place** le nombre 1 250.

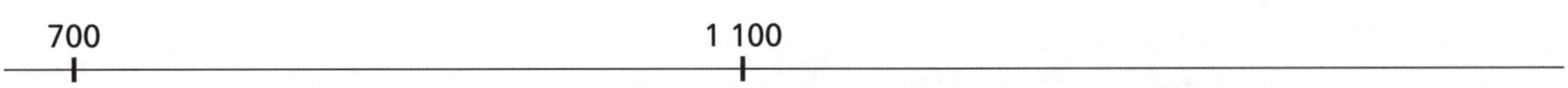

4 **Place** les nombres 700, 800, 650 et 950 sur cette graduation régulière.

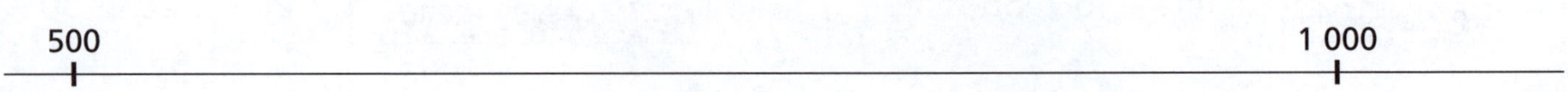

40 La proportionnalité : passage par l'unité

Compétence : Résoudre des problèmes de proportionnalité faisant intervenir une « règle de trois ».

Date ....

Observe

500 feuilles pèsent 2 400 g.
Combien pèsent 200 feuilles ?

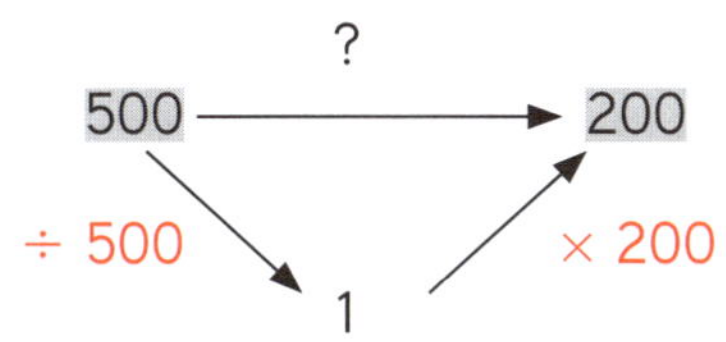

1 feuille pèse 500 fois moins.
200 feuilles pèsent 200 fois plus.

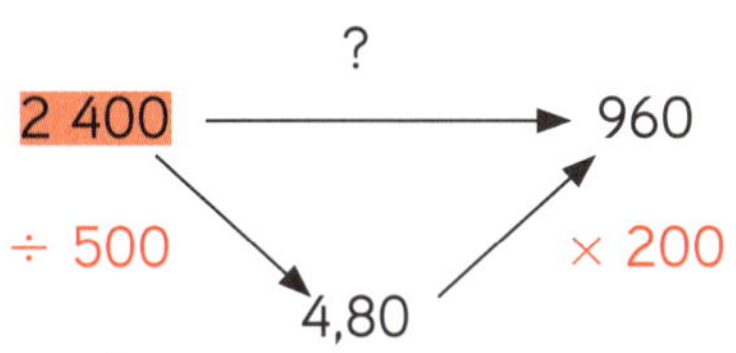

200 feuilles pèsent 960 g.
On a utilisé une règle de trois.

÷ 500 × 200

Feuilles	500	1	200
Masse (g)	2 400	4,80	960

1 Une pile de 6 livres identiques a une hauteur de 18 cm.

a. Quelle est la hauteur d'une pile de 10 livres ?
Complète les calculs ci-dessous :

Épaisseur de 1 livre : 18 cm ÷ .... = ... cm

Hauteur de la pile de 10 livres : .... = ... cm

b. Combien de livres comporte une pile de 24 cm de hauteur ?

....

....

Une pile de 24 cm de hauteur comporte .... livres.

2 Un avion vole à la vitesse de 900 km/h.
Quelle distance parcourt-il en 60 minutes ? En 40 min ?
Complète le tableau ci-dessous, puis **rédige** les réponses aux questions.

÷ 60 × 40

Distance en km	....	....	....
Durée en min	60	1	40

....

2 Pour préparer de la confiture de fraises, Mamie mélange 400 g de fraises avec 280 g de sucre.
Elle a ramassé 6 kg de fraises. Combien de sucre doit-elle ajouter ?
Complète le tableau ci-dessous, puis **rédige** la réponse à la question.

÷ 400 × ......

Masse de fraises en g	400	1	....
Masse de sucre en g	280	....	....

....

41 Échelles

Compétence : Résoudre des problèmes relatifs aux échelles en utilisant la proportionnalité.

MATÉRIEL
Un crayon gris.
Une règle graduée.
Une équerre.
Un compas.

Date ....

Observe

• Sur un plan au $\frac{1}{50}$

1 cm sur le plan correspond à 50 cm dans la réalité.
50 cm = 0,5 m

0 — 0,5 m — 1 m — 1,5 m — 2 m

• Sur un plan au $\frac{1}{200}$

1 cm sur le plan correspond à 200 cm dans la réalité.
200 cm = 2 m

0 — 2 m — 4 m — 6 m — 8 m

Voici le plan de l'école maternelle d'un petit village.

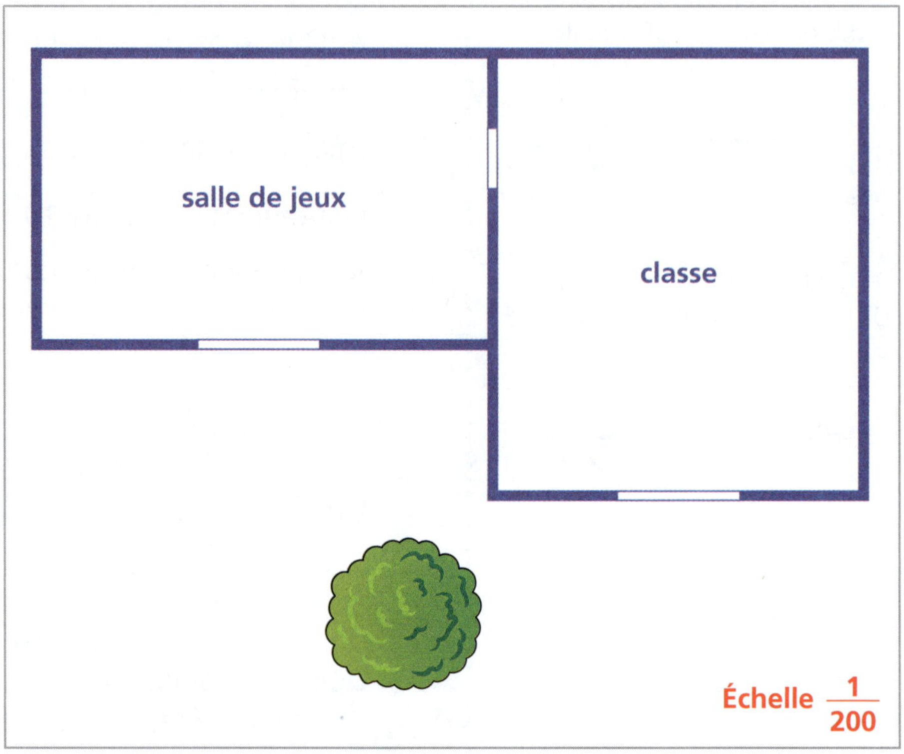

1 **Mesure** sur le plan les dimensions de la classe et de la salle de jeux.

2 **Complète** le tableau et **calcule** les dimensions réelles.

	Salle de jeux		Classe	
	Longueur	largeur	Longueur	largeur
Dimensions sur le plan (en cm)	6	....	....	....
Dimensions réelles (en cm)	1 200	....	....	....

× ....

3 **Convertis**, en mètre, les dimensions de la classe et celles de la salle de jeux.

....

4 Dans la salle de jeux, on installe un tapis carré en mousse de 4 m de côté.
Calcule les dimensions sur le plan, puis **dessine**-le sur le plan.

....

5 Dans la cour, on peint un cercle de 5 m de diamètre. **Calcule** les dimensions sur le plan.

....

42 Tracer un graphique linéaire

Compétence : Construire un graphique et l'interpréter.

Date ....

MATÉRIEL

Un crayon gris.
Une règle.

Observe

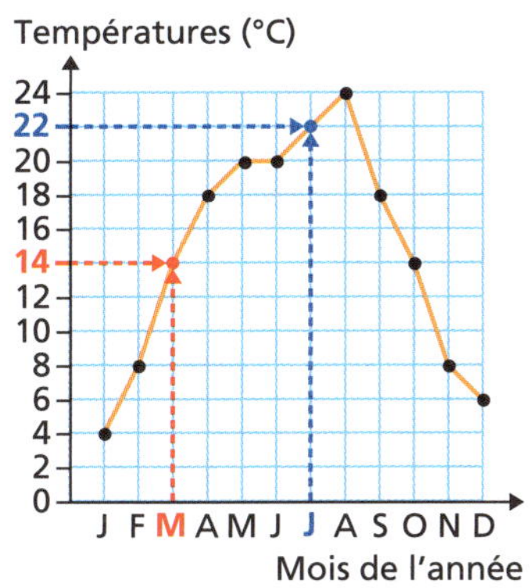

En mars, il a fait 14 °C.
En juillet, il a fait 22 °C.

Le tableau ci-dessous indique l'évolution du nombre d'exploitations agricoles en France de 1960 à nos jours.

Années	1960	1970	1980	1990	2000	2010
Nombre d'exploitations agricoles (en milliers)	2 200	1 600	1 200	1 000	700	500

1 **Trace** le graphique :
- **reporte** les données du tableau sur le quadrillage ;
- **joins** les points.

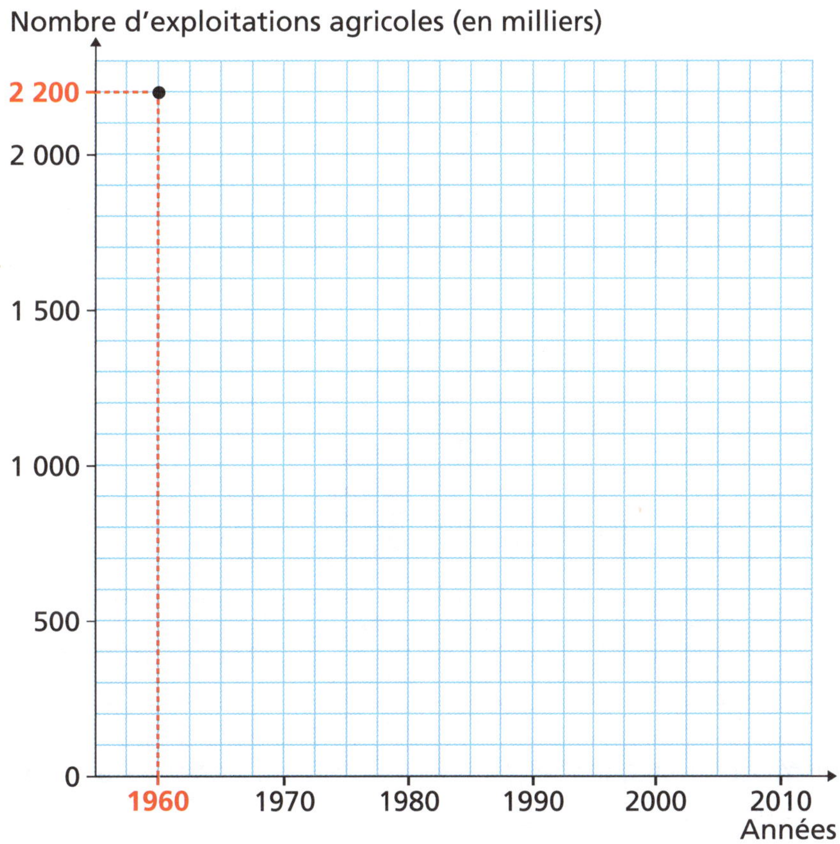

2 **Coche** la bonne réponse.

Le tracé montre :

☐ une diminution ☐ une stabilité ☐ une augmentation.

3 **Complète.**

Au cours des 50 dernières années, le nombre d'exploitations agricoles a ....

43 Tracer un graphique en bâtons

Compétences : Construire et interpréter un graphique en bâtons.

MATÉRIEL

Un crayon gris.
Un crayon violet.
Une règle.

Date ....

Observe

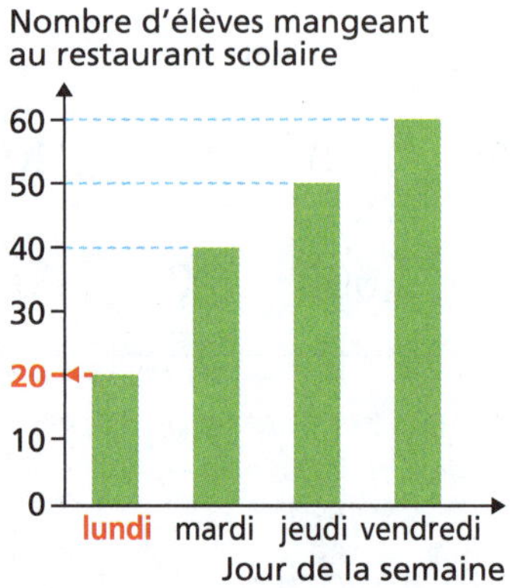

Lundi, 20 élèves ont mangé au restaurant scolaire.

Le tableau indique le nombre d'abonnés à la téléphonie mobile dans quelques pays du monde.

Pays	Nombre d'abonnés (en millions)
Allemagne (All.)	105
Brésil (Bré.)	203
Canada (Can.)	24
Espagne (Esp.)	51
États-Unis (E.-U.)	279
France (Fra.)	63
Japon (Jap.)	121

1 **Trace** le graphique :
- **reporte** les données du tableau sur le quadrillage ;
- **colorie** les bâtons.

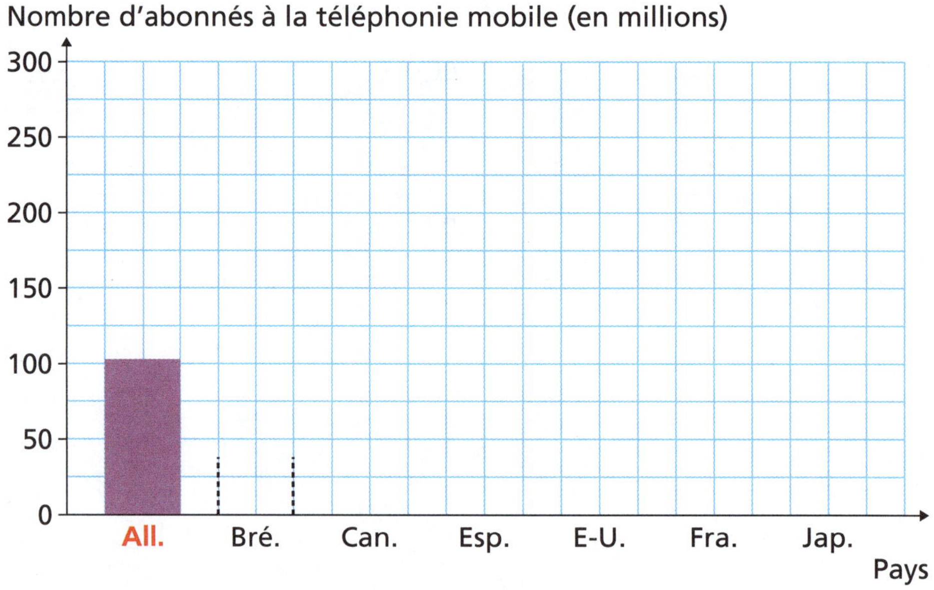

2 Parmi ces pays, lequel compte le moins d'abonnés à la téléphonie mobile ?

....

3 Parmi ces pays, lequel compte le plus d'abonnés à la téléphonie mobile ?

....

4 Parmi ces pays, lesquels comptent entre 100 et 200 millions d'abonnés à la téléphonie mobile ?

....

44 Pourcentages (1)

Compétence : Calculer un pourcentage pour comparer.

Date ....

Observe

$80\ \% = \frac{80}{100} = 0,8$

Un pourcentage est une fraction de dénominateur 100.

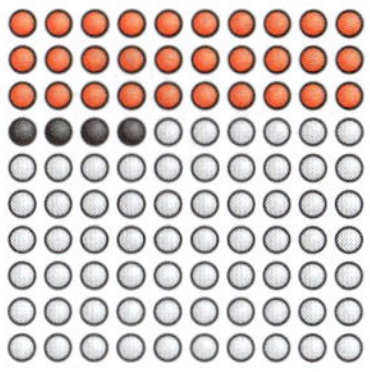

Il y a 100 billes :
30 % de billes rouges
4 % de billes noires
66 % de billes blanches

1 Voici les résultats d'une séance de tirs au panier des basketteuses du club.

Blandine	→	100 tirs : 75 réussis
Sonia	→	50 tirs : 30 réussis
Fatima	→	25 tirs : 20 réussis
Marion	→	10 tirs : 9 réussis

a. Pour savoir laquelle est la plus adroite, on va d'abord **calculer** combien chacune aurait de tirs réussis si elle avait tiré 100 fois au panier. Blandine a réussi 75 paniers sur 100, elle a 75 % de réussite. **Calcule** la réussite des autres.

Sonia (× 2)

Tirs réussis	30	....
Nombre de tirs	50	100

Fatima

Tirs réussis	20	....
Nombre de tirs	25	100

Marion

Tirs réussis	9	....
Nombre de tirs	10	100

b. Complète le tableau et **réponds** à la question.

	Nombre de tirs	Tirs réussis	Pourcentage de réussite
Blandine	100	75	....
Sonia	50	30	....
Fatima	25	20	....
Marion	10	9	....

- Laquelle a été la plus adroite ?

....

2 Voici les résultats à la séance de tirs suivante. **Calcule** les pourcentages de réussite et **réponds** à la question.

	Nombre de tirs	Tirs réussis	Pourcentage de réussite
Blandine	50	30	....
Sonia	10	8	....
Fatima	20	10	....
Marion	100	64	....

- Qui a amélioré son pourcentage de réussite ?

....

....

45 Pourcentages (2)

Compétences : Calculer et représenter une quantité à partir d'un pourcentage.

MATÉRIEL

Un crayon jaune.
Un crayon vert.
Un crayon marron.

Date ....

Observe

Un pourcentage est une fraction de dénominateur 100.
Exemple :
$\frac{1}{2} = \frac{50}{100} = 50\ \%$

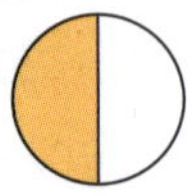

1 **Observe** l'étiquette de la boîte de céréales Spécial Natura.
Quelle masse de lipides contient cette boîte ?

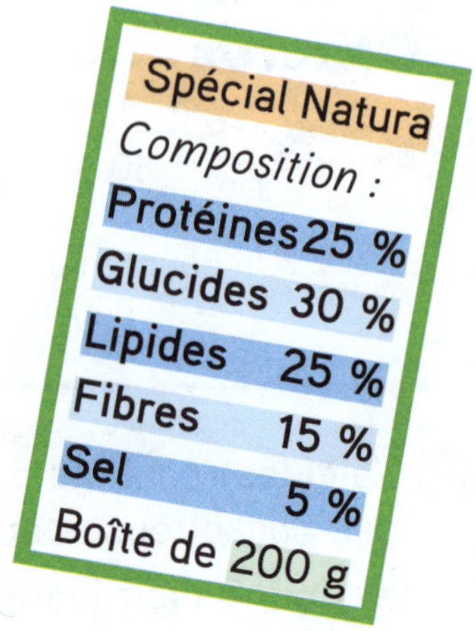

Dans 100 g, il y a 25 g de lipides.
Dans 200 g, il y en a 2 fois plus.

× 2

Spécial Natura	100	200
Lipides	25	50

• **Calcule** la masse de protéines contenue dans une boîte de 200 g.

50%..

• **Calcule** la masse de glucides contenue dans une boîte de 200 g.

60%..

• Quelle quantité de céréales faut-il pour avoir 1 g de sels ?

....

2 Dans la commune de Montalban, la répartition des terres en 1900 était la suivante :

forêt : 15 %	prairie : 20 %	terres cultivées : 45 %	terres en friches : 20 %

Ce diagramme camembert représente l'ensemble des terres de la commune.
La partie colorée représente la forêt.

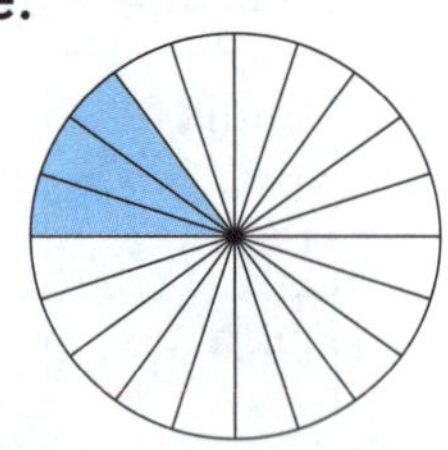

• Quel est le pourcentage des terres occupées par la forêt ? .... %

• **Entoure** la bonne réponse.

Un petit secteur 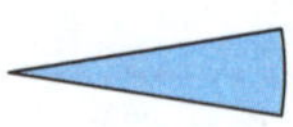 correspond à un pourcentage de : 5 %   10 %   15 %

• **Colorie** en jaune les terres cultivées, en vert la prairie et en marron les terres en friches.

Ce second diagramme donne la répartition des terres de la même commune en 2010.

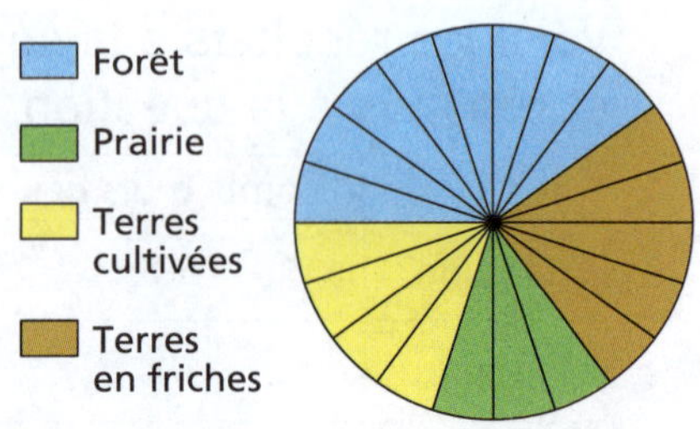

• Quelle est, en pourcentage, cette nouvelle répartition ?

Forêt : .... %

Prairie : .... %

Terres cultivées : .... %

Terres en friches : .... %